遠見有多遠

劉伯溫如是說

葉燕鈞——著

序

依然給力的劉基

徐迅雷

時光把所有的一切淘汰之後，留下的是人文；距離把所見的一切拉遠之後，凝聚的是文化。人文是人創造的，創造璀璨人文、不滅文化的人，他本身也成了人文文化的一部分，成為人物，成為名人，留給人間，留給後世。那是最可寶貴的人類精神遺產。

我的青田老鄉劉基劉伯溫，就是這樣的千古智者、人中俊傑。他激蕩的人生經歷，猶如石門洞飛瀑，在前進道路的斷裂處，站成屹立的河流；他鋒利的思想智慧，彷彿試劍石之劍，在太鶴山峰的最高處，削開巨大的頑石。

一

劉基，字伯溫。今年——二〇一一年農曆六月十五，是劉基誕辰七百周年。七百年時光飛馳而過，劉基依然活著。劉基把自己交給道路，讓身影悄然融進歷史；劉基把智慧付給人間，讓自己從歷史深處悄然走來，走進現實生活。劉基不像諸葛孔明，不需要附麗於文學名著的描摹而放大名聲。而今天我們細讀劉基，發現劉基依然給力，他是時光深處的給力者。擺在我案頭的這本《遠見有多遠——劉伯溫如是說》，就是一本把歷史和現實銜接起來的著作，揭示了劉基的思想智慧所具有的巨大現實意義。

作者葉燕鈞先生，是我的同鄉，也是我的同齡人，都出生於一九六六年；葉燕鈞是劉基的「草根研究者」，業餘研究劉基，研讀劉基的作品，彙聚閱讀的所思所想所感，成就了這一部《遠見有多遠——劉伯溫如是說》。這是很有特色的一本書，它不是學院派的學術，沒有學究氣；它不是對劉基生平的探尋考證，而是對文本的感悟解讀。劉基的思想、理念、智慧、建言，投射到當今社會、映照於現實生活，你發現他原來說得那麼深刻，那麼到位，那麼給力。葉燕鈞的隨筆化解讀，很有一些書面「百家講壇」的風格；書面的文本，顯得更加質樸、敦厚、實在。

有遠見的智慧才是真智慧、大智慧，否則有可能只是小聰明。先賢劉基，他的遠見有多遠？這從他的人生選擇、作品文本中可以清晰地看出來，而且得到了千百年歷史的檢驗。劉基在立德、立功、立言三方面都卓有成就，成為「三不朽偉人」。立言的傑出成就，就體現在他不朽的詩文作品上。葉燕鈞先生透過這部解讀之作，清晰地揭示了劉基的現實意義。

畢竟劉基生活的時代距離現今已七百年，劉基的文言文作品與今日普通讀者有點「隔」，除了收入中學課本的《賣柑者言》等少數篇章，劉基的詩文一般人接觸並不多，今人要向劉基借思想、借智慧，就很需要通俗化的解讀。《遠見有多遠——劉伯溫如是說》就是這樣一部填補空白的書，架起古今橋樑，溝通彼此管道。作者選取劉基代表作《郁離子》裡的寓言名篇，先做口語化的故事翻譯，再做點睛般的題旨揭示，然後鋪陳開來，做感悟式解讀，旁徵之，博引之，引人穿越時空隧道，進入劉基斯想智慧的勝境。

二

七百年前的一三一一年，元至大四年，這是辛亥年，在農曆六月十五，劉基誕生於浙江省處州府青田縣九都南田山武陽村。《明史・劉基傳》開篇即云：「劉基，字伯溫，青田人。」並說「基幼穎異」，幼年劉基聰穎異常，屬於天才類人物；在明實錄《劉基傳》中，則稱其「幼敏悟絕倫」。

劉基屬於那種天分很高，而又很勤奮努力的人。儘管他讀書一目十行，記憶力超群，被鄉間譽為神童，但如果不好學，那肯定也是不行的，這世界智商很高的聰明人多了去了，可成就偉業者並不多。劉基十四歲讀《春秋》，十六歲中秀才，二十二歲中舉人，二十三歲中進士，因博覽群書，不僅詩文俱佳，而且通曉天文、地理與兵法。在元朝後期，劉基去做公務員並不順當，起起落落。因為他剛直不阿，敢於直言，在官場自然沒有好果子吃，這也很正常。

今天看劉基劉伯溫的人生經歷，非常可貴的是，他能屈能伸，拿得起、放得下，既入世，又出世。以四十八歲為界，他前半生在元朝官場四起四落，在年近半百的時候進入「四落」，辭官歸隱故里，但他沒有頹廢，而是以出世的精神，寫入世的文章，完成了中國文學史上不朽的傑作《郁離子》。

五十歲那年，劉基重新出山，開啟了人生的另一種輝煌。這就是他到金陵，輔助朱元璋，從而成為一代帝師，最終一統江山。因此也有了民間所稱的「三分天下諸葛亮，一統江山劉伯溫」。偌大中國，上下五千年，縱橫八萬里，這樣的智慧人物，總共也就出了兩個：一個諸葛亮，一個劉伯溫。

彼時，朱元璋求賢若渴，雖不是自己「三顧茅廬」，但也確實固邀劉基。劉基在徘徊中「逡巡而去」。他與宋濂等四人同赴金陵，「浙東四傑」的到來讓朱元璋差點樂壞四顆大牙。劉基面陳「時務十八策」，聽得朱元璋心服口服，立馬決定請劉伯溫擔任軍師。由此還產生了「前有諸葛隆中對，後有劉基十八策」之說。廣義來看，是得人心者得天下；狹義而言，則是得人才者得天下。討飯出身、做過和尚的朱元璋，還真是雄才大略、不恥下問，對劉基的謀略謀劃，幾乎是言聽計從。輔助朱元璋南征北戰，使劉基的後半生更為輝煌，從而由一個文學家，昇華為思想家，成就為非凡的軍事家、政治家。

假如，儒生只看到一個儒家的劉基，兵家只看到一個用兵如神的劉基，天文學家只看到一個古天文曆法學家的劉基，詩文學家只看到一個站在那個時代詩文頂峰的劉基，小說家只看到一個傳奇故事豐厚的劉基，法學家只看到一個制定大明律執法如山的劉基……

那當然都是不全面的。千古人豪劉伯溫，集思想家、軍事家、政治家、文學家等等於一身，以全才稱之亦不為過。

劉基真是站得高看得遠的人中人傑。當時天下大勢，群雄割據，元朝進入了統治的末路。偌大地盤，彷彿一個大蛋糕，一時切分為四塊，一橫三豎。橫者就是北元，三豎則居長江中下游：上游地盤陳友諒，勢力最強；中為朱元璋，勢力次之；下游張士誠，力量相對較弱。夾在中間的朱元璋，要想成就帝業，就得把其他三塊都給吃了。其時軍中上下都說先弱後強，先打下游的張士誠，再對付上游的陳友諒；恰是天才的軍事戰略家劉基提出，這個不妥，先攻下頭，上頭虎視眈眈的陳友諒定會趁虛而入，兩面夾攻，那不慘了；只有先拿下強者，事情才能搞定。你打陳友諒，在自己地盤「安居樂業」的張士誠是不會在你背後捅一刀的。事情後來果然就是這個樣子。於是有了軍事史上著名的鄱陽湖大戰，在劉基的運籌帷幄下，朱元璋的軍隊以弱勝強，取得大勝，從此「橫掃千軍如捲席」。若非傑出的軍事戰略家，能有此乎？

更為可貴的是，「張良再世」的劉基心繫天下安危，心中有「義」。《明史・劉基傳》最後講到：「基虯髯，貌修偉，慷慨有大節，論天下安危，義形於色。」劉基並非文弱書生，容貌修偉，而且是慷慨志士，為天下安危而義存於心、義形於色。

豐富而曲折的人生經歷，艱難而成功的事業貢獻，使劉基的故事被後人津津樂道，甚至後來被傳說加以神話，那是一種疊加的放大效應。在央視《百家講壇》上，我看過中國人民大學歷史系博士生導師毛佩琦教授主講的《大明第一謀臣劉伯溫》，一共第七集，那是從人生經歷的角度，揭開籠罩在劉伯溫身上的種種謎團，再現一個歷史上真實的劉基劉伯溫。七集的標題：迷霧重重、宦海沉浮、謀士出山、神機妙算、特殊君臣、危機四伏、伯溫之死，基本概括了劉基一生曲折的經歷故事。真實的劉基和傳說中的劉基是有所不同的，就像真實的諸葛亮和傳說中的諸葛亮之不同。

明朝的那些事兒，總是那麼的引人入勝。朱元璋做了皇帝之後，劉基僅僅被授予一個誠意伯的伯爵稱號，而且俸祿也是伯爵中最低的一檔；後來唯我獨尊的朱元璋陸陸續續把功臣幾乎給殺光了，劉基更是體會到了「伴君如伴虎」的艱難、動輒得咎的艱險。封建專制，終究不是什麼好制度；「普天之下，莫非王土；率土之濱，莫非王臣」，皇帝獨裁，臣民倒楣；一代人有一代人的命運，一代人有一代人的使命，這就是歷史，應當放在歷史中來看待。

一三七五年，六十五歲的劉基在病中去世。劉基一生，自元至明，無論是他的人生經歷，還是他的思想智慧，還是他的文學作品，都是值得一講、值得一看的。我看劉基生前身後，真可謂是：「萬山不許一溪奔，攔得溪聲日夜喧。到得前頭山腳盡，堂堂溪水出前村。」

三

作為「三不朽偉人」的劉基，「立德」因為義，「立功」因為業，「立言」則是思想作品。劉基的文學作品思想性非常強，詩文俱佳，他與宋濂、高啟並稱為「明初詩文三大家」。今天讀他的作品，尤其是寓言散文《郁離子》，常常讓人擊節讚歎：說得多麼睿智，那道理一點也沒過時！

劉基的思想作品，對當代的政界、商界，對今天的人生、生活，有著巨大的現實價值和啟思意義。跟宋濂以一篇《送東陽馬生序》名世一樣，劉基的《賣柑者言》是千古傑作。「杭有賣果者，善藏柑，涉寒暑不潰」，這個賣柑者，我看就是杭商中非凡的智者思想家。賣柑者言，意義不在「柑」而在「言」，他是在拿「金玉其表、敗絮其中」

的柑來作比喻，諷刺官場中人的那種「敗腐於內、光鮮於表」的情形。他手中的那隻「柑」，猶如一幅諷喻漫畫，一篇實物雜文，一枚投向黑暗的手榴彈，疾世憤俗中把現實世界拆穿撕破，讓你看個清清楚楚明明白白。

《賣柑者言》並不歸於《郁離子》。《郁離子》是子書體著作，有十卷、十八章、一百九十五條，題材包羅萬象，內容涵蓋古今，涉及個人、家庭、社會、政治、經濟、軍事、外交、倫理、神怪等諸多方面。《郁離子》是寓言體散文，透過寓言故事闡明作者的政治理想、哲學觀點、人生智慧和處世態度。一說到寓言，我們大多想到的是給兒童看的，但劉基那個時代的寓言，就是寫給成年人看的。那是對成人世界的深刻啟思。

「郁離子」，既為書名，又是作者的自稱。郁，有文采的樣子；離，八卦之一，代表火。郁離，即政治教化光明之意。劉基認為，如果按照書中的正確主張去做，定能使國家的政治教化趨向光明，最終抵達文明之治。

《郁離子》裡的名篇《雲夢田》，是我非常喜歡的篇章，講雲夢澤裡的土地問題。楚國的雲夢澤，故址在今湖北境內。《雲夢田》說的是，景睢請江乙去向安陵君建議，把雲夢一帶的田地租借給貧民耕種，以解決他們的吃飯問題，不至於無家可歸。安陵君將建議稟告給楚宣王，並獲得同意。後來安陵君見到景睢，便問他收入的賦稅額有多少，景睢說無收入。安陵君大為驚愕：「我還以為你是為了對楚王有利才那樣建議的呢，你竟然把好處送給百姓，你是想讓窮老百姓感謝你嗎？」景睢滿臉驚愕而退去，他因此告訴人們說：「國家危險了！執政者只想取利，卻忘記了百姓，這是一條危險的道路啊！」

這個故事因土地的使用權生發，說的是「志利忘民，民窮國危」之道理。今天讀來，依然教益深刻。葉燕鈞先生在「讀劉心得」中說：「民富則國安，民窮則國危，未見民窮而國強者，可歎今日仍有人不明此理，官場上如安陵君這般『志利而忘民』者豈在少數？」說得犀利精闢，今天呼喚「從國富到民富」之聲，恰如當年劉基斯想的現實回聲！

「您得罪的不是一堆石頭，是人心」，是葉燕鈞先生對《郁離子》中《泗濱美石》的解讀，題目就很形象，石頭與人心，反差強烈，對比鮮明。故事說的是，孟嘗君向泗水兩岸的鄉親購買了一批美石，卻隨便將美石置放在院門外，還拿美石當墊柱石，這讓送石頭的鄉親們看了很訝異極生氣。百姓很生氣，後果很嚴重。孟嘗君僅僅是輕慢了一堆石頭，就失去了人心。這裡插敘一句：青田也是石雕之鄉，盛產青田石，成為「美石」的好石頭是不會被這樣對待的。孟嘗君透過石頭失信於民，還差點釀成家國大禍，引發戰爭。好在他知錯速改，親自去誠心誠意地道歉，並做了一連串正確的糾錯舉動，方才渡過了信任危機，公關能力倒是很強。今日為官者，常常置誠信於不顧，把政府的公信力弄得蕩然無存，導致官民關係緊張，維穩越維越不穩；這都是因為手中權力太大，自我感覺太好，不把百姓放在心上，不為蒼生說話做事，一點都不把「得民心者得天下」的常識當一回事。如此下去，危殆不就在前頭嗎？

劉基的《郁離子》，窮其精奧，意趣幽微，縝密、清奇、沉著，風骨和風格都非常鮮明。而且篇章通常都不長，彷彿是「刪繁就簡三秋樹」。真可謂「明朝開國文臣，道德文章第一」。虛擬的人，實在的事，通透的理。《郁離子》思想性之強，非其他寓言體散文可比；而智慧的用場，總是建立在正確的思想之上的。

抒憂世情懷，發繾綣之思——劉基的詩詞，也卓有成就。如椽之筆，有激而詩，沉鬱頓挫，雄健奇崛。劉基和宋濂等人的詩文作品，站上了明代雅文學最高之巔。

四

劉基是真正有遠見卓識的人。《遠見有多遠》這個書名，來自書中一篇的標題，這是作者對《郁離子》中《惜鸛智》的解讀。《惜鸛智》說的是，鸛鳥也算是有智慧的鳥兒了，可惜牠還沒有足夠的遠見，雖然牠知道洪水會來臨，把自己的鳥巢給挪到了高一點的地方，但依然不夠高，結果還是被洪水給淹沒沖走了。作者在「心得」中說得好：「前瞻性的思維方式，是為官者必須具備的一項重要素質；足夠的遠見，是保障百姓利益的基礎。」為官之道，要用富有遠見的政策措施來惠及所有老百姓，這個實際上知難行更難。

要想有遠見，就必須能夠看透短見、看清淺見。朱元璋總算有雄才大略了，但打下江山後，在考慮定都哪裡的時候，相當的淺見短視，他想定都老家安徽鳳陽，而且都動工開建了，如今那地兒還留有當年的半拉子工程。劉基堅決反對他在老家建都。好好的金陵南京不待，要跑那個交通不便的窮鄉僻壤去建都，那肯定是無法可持續發展的。劉基的遠見糾正了朱元璋的短見，避免了這皇帝老兒被天下恥笑。

朱元璋的家鄉情結、眷顧家園的情感可以理解，但天下與老家發生衝突的時候，天下為大，這才是遠見。

我很佩服老鄉劉基，也很佩服青田老鄉群體。他們站得高、看得遠；看得遠，還能跑得遠。青田是著名的僑鄉，不到五十萬人口，卻有近二十五萬華僑跑到海外，形成了富有特色的「華僑文化」。他們很愛家鄉，但也能夠以天下為家，而不偏於一隅。這才是厲害的。

二〇一一年，恰逢青田建縣一千三百周年。在遙遠的西元七一一年，那些確立在這裡建縣的先人，也真是富有遠見的。青田地處浙江省中南部，南臨溫州，北接麗水，一條美麗的甌江穿越而過。早年因水田盛產青芝，又名芝田。青田素有「九山半水半分田」之稱，儘管山多，但鍾靈毓秀，人傑地靈；那山中可是蘊藏著珍貴的寶藏——青田石。作為「石雕之鄉」，青田的石雕文化有一千五百多年歷史。當代有諸多青田石雕大師的作品美麗絕倫，而青田石更是製作印章的絕佳材料，不愧為「印石之祖」。華僑文化、石雕文化加上名人文化，構成了青田這個文化之鄉的三大文化支柱。劉基就是名人文化的傑出代表。

就像丹麥有安徒生、挪威有易卜生一樣，中國明朝有劉基；就像杭州出過于謙、淳安有過海瑞一樣，浙江青田有個劉基。人是國之本，而傑出的人物，是國家之魂。一個國家、一個民族、一個地方，都應尊重文化、重視人文，都以自己的名人為驕傲。挪威在飛機的尾翼上印上易卜生巨大的頭像，讓他在天空中飛來飛去；青田則在城區最熱鬧最繁華的地段建設了劉基廣場，樹立劉基的雕像，讓劉基很扎實地站立在家鄉這塊土地上。還有街道也以劉基的名字來命名。這是一個地方對自己先賢所表達的尊敬。而劉基的諡號，則成了青田鄰縣文成的縣名，劉基的出生地，如今也劃歸至文成，從而劉伯溫也成了兩地共同擁有的劉伯溫。

劉伯溫那智慧的基因，以及許多良好的品質，都能在今天的青田人身上看得見、找得到。青田人聰慧、大氣、開放、活躍，拿得起、放得下，走得出、回得來。劉基既懂得謀略，又能做事，不是紙上談兵的空頭理論家，而且「與人交，洞見肝腑」，今天你與青田人尤其是青田華僑中的精英人士打交道，都有這種感覺。文化名人，猶如陽光；精神品格，澤披後代。有太陽的地方，就會有向日葵；有向日葵的地方，就會有太陽——這是多麼美好的意境！

在甌江南岸美麗的青田石門洞景區，現存劉基求學石門書院的讀書處等遺跡。如今青田縣正努力將劉基文化發揚光大，先後建設了劉基廣場，修復了「石門書院」，並重建「劉府祠」，讓劉基更加深入人心。而且劉基不僅僅是青田的劉基，他是中國的劉基，世界的劉基。二〇〇九年六月，世界劉基文化研究總會在香港成立，並創辦了一個頁面漂亮的網站；研究總會提出的宗旨為：「讓劉基文化古為今用，發揚光大，走出國門，面向世界。」

當今各地學者研究劉基的著作，也日漸豐沛。我手頭就有《劉基事蹟考述》（楊訥著，北京圖書館出版社，二〇〇四年版）、《劉基評傳》（周群著，南京大學出版社，二〇〇七年版）、《劉基文選》（錢仲聯主編，蘇州大學出版社，二〇〇一年版），以及河南大學文學院教授王立群翻譯的《郁離子》（上海社會科學出版社，二〇〇九年版）、我大學老師呂立漢教授所著的《千古人豪——劉基傳》（浙江人民出版社，二〇〇五至〇七年版）等等。葉燕鈞先生所寫的這本《遠見有多遠——劉基如是說》，則是一位老鄉向劉基劉伯溫的致敬之作，解讀同樣很給力，問世於先賢劉基七百年誕辰之際，尤具獻禮之意義。

我以為，今後青田縣可以聯手學術界與出版界，推出最完備的《劉基全集》，以及《劉基研究別集》；前者以全而填補空白，後者可集優秀研究成果之大成，如是，則可以稱得上是一項重要的文化工程。

劉基斯想依然給力，斯世當以知己視之。

作者簡介：徐迅雷，青田人，著名雜文家，浙江省雜文學會副會長，浙江大學新聞與傳播學院客座教授，杭州《都市快報》首席評論員。

目次

Chapter 2

劉伯溫說貪婪之害

Chapter 3

劉伯溫說人才之道

劉伯溫精彩寓言選萃 259

前言

傾聽智者的教誨

我的家鄉青田是浙江著名的僑鄉和石雕之鄉。青田籍華僑散居於全世界一百多個國家和地區，總數達二十二萬餘人之多，全中國鮮有匹敵；青田石雕則以其石材晶瑩如玉技藝巧奪天工著稱於世，與壽山、昌化、巴林並稱中國四大名石。然而考之於史，石雕初成氣候和華僑走出國門，大致都發生於清末民初之際。在此之前，青田最早為天下知則是在元末明初，那時候青田出了一位大人物劉基劉伯溫，輔佐朱元璋奪得天下建立大明王朝，被稱為大明開國第一謀臣。由於劉伯溫足智多謀神機妙算，明清以來一直被視為與諸葛孔明齊名的神人。在青田民間至今依然流傳著許多劉伯溫的神奇傳說，老百姓無論老幼沒有不知道先賢劉伯溫的，近年來政府也十分重視劉伯溫文化的保護與挖掘，縣城最大的休閒廣場被命名為劉基廣場，重要的歷史遺跡「劉府祠」也即將開始重修。

但唯一讓我覺得遺憾的是，在他的故鄉，劉伯溫作為元明時代傑出的文學家、思想家，他的重要作品和思想還沒有得到應有的傳播和普及。很慚愧長久以來我對劉伯溫的智慧和學問也一直知之甚少，只是一個偶然的機會，我讀到了劉伯溫的《郁離子》，彷彿在寧靜的深夜裡聽到先賢的聲音，穿越了數百年的歷史煙塵，向我娓娓講述著人生的大智慧。掩卷而思，深感自己先前不該怠慢了先賢如此豐沛的思想遺產。

劉伯溫自二十三歲中進士開始步入仕途，在元末黑暗腐敗的官場起起落落二十餘年，歷經坎坷，四處碰壁，始終無法實現自己作為孔孟信徒的政治抱負，至四十八歲終於心灰意冷憤而辭官，歸隱青田山中，著《郁離子》，「以待王者之興」。《郁離子》全書以寓言為主，間以言論。郁離子既為書中人物，有時又為作者自況，以「郁離子曰」生發議論。凡一百九十五篇，可謂篇篇生動俏皮機警雋永，處處閃爍智者的思想光芒，讀之酣暢淋漓，頓開茅塞，聯繫當下，不禁莞爾。

劉伯溫稱得上是最早的「故事大王」，喜歡以寓言表達自己的思想感情，除了闡發自己的政治理想和治國方略外，也記錄了他半輩子坎坷人生的諸多感悟，比如，劉伯溫檢索自己半生宦海沉浮，以寓言抒發官場感悟，既有對元末官場陋習的無情揭露，也有對未來為官者的諄諄教誨，對今日從政之人，依然有重要的啟迪作用。又如劉伯溫特別強調「遠利」的重要性。孔孟不排斥「利」，只是十分警惕「利」的負面作用，要求取之有道，重義輕利，但對過分逐利的危害性並沒有深入的闡述。而劉伯溫作為孔孟信徒，認為名利對人性的扭曲，是造成社會禮崩樂壞、弊端叢生的重要原因。他寫了許多寓言來抨擊人性的貪婪，告誡世人貪婪為禍患的根源，遠離利誘即是遠離災禍。對於廉政形勢依然不容樂觀的今日政壇，讓幹部們讀一讀劉伯溫的寓言或許是件不無裨益的事情。

劉伯溫被後世稱為「三不朽偉人」「千古人豪」，其年青時代抱負之遠大可以想見，但遊宦各地歷二十餘年，雄才大略始終未得一展。所以，劉伯溫在「人才問題」上是有切膚之痛的。在《郁離子》裡，劉伯溫透過寓言的形式，對於國家應該如何識別、選擇、使用、對待人才以及人才對國家的重要意義，都有非常生動機智的表達與反映。

出於傳播與普及劉伯溫文化的責任感，我把自己閱讀劉伯溫作品的心得與感悟記錄下來，按照內容分成四章，每章有一個主題，每個主題由十來篇小文章組成。需要特別說明的是，我不是一個研究劉伯溫及其作品的專家，而是一名劉伯溫作品的普通讀者，我的文章沒有任何學術的價值，它們只是一些對劉伯溫作品的通俗化解讀，唯一的目的就是希望透過我的這份淺顯易懂的介紹，能讓更多的朋友認識劉伯溫作品的魅力，知道劉伯溫曾經寫過哪些有趣的故事，曾經說過多少金玉良言。當然，如果能夠於世道人心有所裨益的話，自是意外之喜。

讓我們一起靜心傾聽先賢劉伯溫的教誨吧。

Chapter 1

劉伯溫說人生智慧

在為人處世和待人接物中，
不耍小聰明，
不自恃聰明而咄咄逼人，
有意識的謙和、虛心，
既是對自己的必要保護，也是對他人的尊重。

中國人通常把劉伯溫和三國時期的蜀相諸葛亮一起看作是史上兩顆最聰明的腦袋。諸葛亮近似神仙的所謂足智多謀、神機妙算，實際上更多地來源於民間的演義，什麼草船借箭、借東風、空城計之類的神奇故事都是羅貫中先生的妙筆生花，歷史上並未發生過的。而民間同樣流傳有許多關於劉伯溫的神話傳說，比如：「前知五百年後知五百年」、「燒餅歌」、「推背圖」等等，大多也未必可信。

劉伯溫與諸葛亮都有不朽的文字流傳後世，兩者的不同之處在於，諸葛亮最廣為人知的文章是前後《出師表》，「鞠躬盡瘁，死而後已」，閃耀著儒家理想的「良臣賢相」高尚人格最奪目的光彩，但並不涉及生活的智慧；而劉伯溫是個文學家，身後留下了大量文學作品，其中許多篇章都凝結著他高出眾生的人生智慧，比如《郁離子》裡的許多寓言談的就是他半生坎坷所積累的人生感悟，表達了他對於讀書人應該如何追求自我完善的獨特的思考與見解。

劉伯溫的這些人生智慧又是以儒家的修身學說作為思想源泉的。儒家主張要解決社會問題，要「齊家治國平天下」，最根本的途徑是修身，從天子到普通百姓，每一個人都要以修身為本，都要透過修身來提升自己的素質與境界。劉伯溫作為篤信儒學的思想家、文學家，他本人首先就是履踐儒家修身理念的典範，這從史書上對他生平事蹟的記載和同時代及後世之人對他的評價上都能得到印證。

在今天這樣一個功利的時代，人們的價值觀多元而混亂，每一個人都在繁忙和勞碌著，遇事往往利字當頭，很少有人能夠靜心思考一下為人處世的規範標準。我在品讀劉伯溫作品的時候，常常會在心底暗暗讚歎劉伯溫的話簡直是說給今人聽的，他所批評的一些人與事就活生生地發生在我們的身邊。但願透過我的介紹能讓更多的人體會到先賢劉伯溫的思想光芒，從而獲取修身養性的人生智慧和不斷前行的精神力量。

狗狗為什麼叫個不停？

寓言：齊人好詬

齊國有一個人老在吃飯的時候罵人，每頓飯都要大聲責罵他的僕人，邊罵還邊砸東西，摔碗扔筷子的，沒有一天不如此。

店家十分討厭他，只是強忍著沒說話。齊人要離開時，店家送了一隻狗給他，說：「這條狗能驅趕禽獸，您要是不嫌棄的話，我就把牠送給你吧。」

齊人走了二十里地，停下來吃飯，吃飯時在桌子底下放了一些食物讓狗吃。那條狗嗥叫了幾聲才開始吃，而且邊吃邊叫。齊人在飯桌上邊吃邊罵僕人，狗在桌子底下邊吃邊叫，一連好幾天，頓頓飯都這樣。一天，僕人實在忍不住就笑了起來，他這才察覺原來自己被店家捉弄了。

郁離子說：「古人說『夫人必自侮，而後人侮之。』又說『飲食之人，則人賤之。』大概說的就是齊人這類人吧？」

（見《郁離子・虞孚第十・齊人好詬》）

心得

良好的教養是要在我們的言談舉止，眉目顧盼之中，傳達對他人的尊重，對生活其中的環境的尊重。而尊重是相互的、對等的，尊重他人就贏得他人的禮遇，侮辱他人實際上是在侮辱自己。

齊人一拿筷子就開始罵僕人，行為粗魯，讓人討厭。

這位店家實在是個有涵養的君子，一直隱忍著沒有當面指責齊人。他送齊人一條「行為狗」，既是對齊人的奚落，也是希望齊人能從那條討厭的狗身上得到啟發，及早醒悟，從而改變自己的行為方式。

劉伯溫寫作這則有趣的寓言，是要表達儒家重視禮節的觀念。子曰：「出門如見大賓，使民如承大祭。己所不欲，勿施於人。在邦無怨，在家無怨。」（《論語・顏淵》）孔子的這段話指出了儒家待人接物的基本原則，也可以說是所謂禮節的主要內涵。大意是說：「出門在外見到任何人都要像看到貴賓一樣恭敬有禮，不要看不起任何人；讓別人做事要像承奉大祭一樣態度誠懇尊重。自己不願意的事情不要強加到別人頭上。無論在社會上，還是在家裡都不要怨天尤人。」劉伯溫筆下的這位齊人對待僕人罵罵咧咧，顯然不符合孔子提出的讀書人待人接物的基本要求。寓言的後面，劉伯溫引用兩句「古人語」來批評齊人，這兩句話都是孟子說的。「夫人必自侮，而後人侮之」，語出《孟子・離婁上》，原話為「夫人必自侮，然後人侮之」，意思是人必定先有了自取其辱的言行，然後別人才會侮辱他。「飲食之人，則人賤之」，語出《孟子・告子上》，原話為「飲食之人，則人賤之矣，為其養小以失大也。」意思是只知道吃吃喝喝的人，一定會被人們鄙視，因為他只知道保養自己小小的身體，而不懂得培養高尚的人格。

齊人的言行舉止看似小節，實際上反映了其人格上的缺陷。這樣的人在中國歷朝歷代都不會少，他們自視甚高，態度倨傲，行為粗魯輕佻，對人總是吹毛求疵，沒有一點合作精神。所以劉伯溫用孟子的話，批評這種人動輒羞辱別人，實際上是自己侮辱自己，也讓別人從內心裡鄙視他。

管仲說：「倉廩實而知禮節，衣食足而知榮辱。」隨著中國大陸近年來經濟社會的快速發展，人民群眾的道德修養整體上有了很大的提高。但是我們也要看到今天還有很多人物質上是富足了，精神上依然是赤貧。他們為人處世粗俗無禮，自以為是，一副暴發戶的嘴臉。比如在酒店裡我們常常可以看到有的人肆意喧嘩，稍有不滿意，就大聲呵斥服務人員，甚至砸碗摔杯的。這樣的行為舉止與他們那光鮮時尚的外表是多麼地不相協調啊。

上海世博會召開前夕，上海市就市民的教養問題開展討論，特級教師王聖民女士指出：「今天，我們與這個世界上很多國家有了交流，我們不得不承認，無論中國人去外國，還是外國人來中國，更不用說我們在自己的國家裡，在教養上，我們做得不夠好，甚至很差，差到令人無奈、沮喪、無地自容。」王女士舉例說，聯合國提供的一份調查材料對中國大陸留學生形象的評價是：不會看人，不會微笑，在公共場所大聲喧嘩，從不顧及他人的感受，不會說「謝謝」、「抱歉」、「對不起」。而在一些國際會議上，中國代表團給人的印象是：拍照不斷、抽煙不斷、打手機不斷、講閒話不斷，根本不顧及會議發言者的感受，不顧及傾聽發言的聽眾的感受。至於國內，在我們的日常生活裡，國人不重儀表、缺乏起碼禮節、缺乏公共精神的現象更是司空見慣。良好的教養是要在我們的言談、舉止，眉目顧盼之中，傳達對他人的尊重，對生活其中的環境的尊重。透視國人種種不文明行為，其根源不就在於我們缺乏這一份對他人與環境的尊重嗎？而尊重是相互的、對等的，你尊重他人就贏得他人的禮遇，你侮辱他人實際上是在侮辱自己。

英國思想家和教育家約翰・洛克在他的重要著作《教育漫話》裡，認為良好的禮節是一個紳士必須具備的道德品質之一，他指出所謂教養是以美德為根基，而以禮節為藻飾的。美德是精神上的一種寶藏，使寶藏熠熠生輝的是人的教養與禮節。他說：「沒有教養的人有了膽量，膽量就會帶有野蠻的色彩，而別人也必以野蠻相對待，學問就變成了迂氣，才智就變成了滑稽，率直就變成了粗俗，溫和就變成了諂媚。」可見缺乏教養、不懂禮節，無論什麼樣的美德都會變形走樣。

當我們的物質條件日益與國際接軌時，如果我們的言談舉止還是像齊人那樣粗俗不堪，那麼就算是口袋裡錢再多，我們仍然是窮人，而且是最沒出息的窮人。

美國人瑪律登說：「文明的舉止，還有這背後所蘊藏的對人的體諒、關心，是我們人生的一筆巨大財富。」讓我們從小處做起，從細節開始，學習做一個優雅的人，一個有教養懂禮節的人吧。

原文：齊人好詬

齊人有好詬食者，每食必詬其僕，至壞器、投匕箸，無空日。館人厭之，忍弗言。將行，贈之以狗，曰：「是能逐禽，不腆以贈子。」行二十里而食，食而召狗與之食。狗嘷而後食，且食而且嘷。主人詬於上，而狗嘷於下，每食必如之。一日，其僕失笑，然後覺。

郁離子曰：「夫人必自侮，而後人侮之。」又曰：「飲食之人，則人賤之。斯人之謂矣。」

我該射哪隻鳥兒？

寓言：常羊學射

常羊向屠龍子朱學射箭，屠龍子朱說：「你想知道射箭的學問嗎？楚王曾經在雲夢澤打獵，先讓看管山林的官吏轟趕禽獸，再由自己射取牠。鳥兒剛剛飛起來，一頭鹿突然從楚王的左邊躥出，一頭麋又從楚王的右邊跑過。楚王拉開弓正要射擊，只見一隻天鵝從楚王的旗子上飛過，翅膀就像從天上垂下來的白雲。楚王張弓搭箭呆站著，不知該射哪個才好。這時擅長射術的大夫養由基對楚王說：『我射箭的時候如果在百步以外放一片樹葉的話，我可以確定回回都能射中牠。如果在那裡放十片樹葉，那麼射中射不中，我就不敢保證了。』」

（見《郁離子・省敵第九・常羊學射》）

心得

只有專注於現實的目標，孜孜以求，不離不棄，最終在我們短暫的人生裡才能做成幾件有意義的事情。

楚王狩獵一無所得，是因為過多的獵物誘發了他的貪心，目標分散，影響了他的判斷力，使他張弓搭箭竟不知道該射向哪裡。

在這則寓言裡，劉伯溫虛擬的屠龍先生用楚王的故事向常羊先生傳授射箭的獨家心法——專注於一個目標，其實也是在向讀者傳授人生的經驗和秘訣。

大家知道，儒家系統是主張入世和有為的，贊成專注於現實的目標，腳踏實地，少說多做。孔子說：「君子欲訥於言，而敏於行。」（《論語‧里仁》）又說：「巧言令色，鮮矣仁。」（《論語‧陽貨》）說明老夫子喜歡老實人，反對年輕人誇誇其談、好高騖遠。劉伯溫在這則寓言裡所表達的思想與孔子的主張是一致的，人們做任何事情都不能迷失於不切實際的夢想，而要從自身條件出發，選定正確的方向，然後默默努力一點一點地接近和抵達目標。

在今天這個浮躁的時代，世界充滿了誘惑，年輕人特別容易迷失自我，因此劉伯溫的寓言非常具有現實意義。記得我曾經從電視上看到有一個談論大學生就業的節目，一位老教師說起她的一個學生，大學畢業好幾年了還沒找到工作，學生來找她討教。學生說自己的專業是外語，正在考慮是不是到出版社應聘當翻譯。老師說學以致用，這樣很好啊。學生又說，可是我又想到國外深造，已經去報名留學考試的課程了。老師說，那也不錯啊。但她接著又說要去報考空姐，覺得空姐每天光鮮靚麗，還能周遊世界，似乎很棒。老師說，那也好啊，你可以去試試啊。這時候學生很驚訝地反問老師，我是來跟你商量的，你怎麼都說好啊。老師說，面對這樣的學生，真是很無奈，都說現在大學生就業難，當然有社會的原因，但是也有大學生自身的原因，像自己的這位學生，夢想很多很絢爛，但沒有一個明確的目標，心猿意馬，飄忽不定，什麼事都不付諸行動，而時光轉瞬即逝，青春可能就在你的猶豫不決中悄悄老去。年輕人有夢想當然好，但是整日沉緬於不切實際的夢想，而遲遲不付諸行動，結果只能如楚王狩獵那樣一無所得。

馬克・吐溫說：「人的思想是了不起的，只要專注於某一項事業，那就一定會做出使自己感到吃驚的成績來。」人的一生很短暫，做不了太多的事情。如果我們整日沉迷於夢幻，目標總是游移不定，朝秦暮楚，眼高手低，必將一事無成。只有專注於現實的目標，孜孜以求，不離不棄，最終在我們短暫的人生裡才能做成幾件有意義的事情。

但年輕人往往容易混淆目標與理想的區別，理想可以很浪漫很斑斕，目標卻應該很具體，很清晰，很實在。迷失在不切實際的幻想裡，不知靈活應變，一條道走到黑，是固執愚昧，是浪擲光陰，是對生命的不負責任，最終肯定得不到什麼美妙的結果。

芝加哥有一位公車司機，每天上班總是邊開車邊唱歌，整個車廂裡都飄蕩著他美妙的歌聲，給乘車的人們帶來了愉快的享受。人們排隊坐他開的車，為了能搭乘「會唱歌的司機」開的車，許多人甚至有意錯過別的公共汽車，他們都把乘坐他開的公車當成是去聽一場歌星的演唱會，並且樂此不疲。這位司機曾經接受芝加哥電視臺的採訪，他說自己最初的人生目標是成為一名歌唱家，可是年輕時陰差陽錯，沒有遇上合適的機緣，一直未能實現登臺演出的夢想。後來，之所以選擇做一名公車司機，就是為了每天都能有一幫無法走開的聽眾。對他來說有人喜歡聽自己的歌聲就是最大的快樂與慰藉。

這位司機真是個樂觀向上的聰明人，他始終堅持自己的人生理想，又懂得順應現實。擺在他面前的是一份看似與他的理想風馬牛不相及的工作崗位，但他沒有嫌棄，而是機敏地找到了一種將自己的理想和職業結合起來的途徑，快樂地過上了心目中屬於自己的生活。如果他也像電視上那位老師的學生那樣找工作東挑西揀，非大劇院的專業演員不幹，大概還沒等到他成為歌唱家他先就餓死了。

原文：常羊學射

常羊學射於屠龍子朱，屠龍子朱曰：「若欲聞射道乎？楚王田於雲夢，使虞人起禽而射之。禽發，鹿出於王左，麋交於王右。王引弓欲射，有鵠拂王旃而過，翼若垂雲，王注矢於弓，不知其所射。養叔進曰：『臣之射也，置一葉於百步之外而射之，十發而十中；如使置十葉焉，則中不中，非臣所能必矣。』」

上哪去喝正宗的美酒啊？

寓言：中山之酒

有一位愛好佛學的人，每次和別人談論道理時，總要搬出他肚子裡的那點佛學知識來壓倒別人，欣欣然自以為有獨特的心得。

郁離子對他說：「從前魯國人不會釀酒，而中山人擅長釀酒，據說中山人釀的酒喝後能一醉千日。魯國人向中山人尋求釀酒秘方，但中山人不給。有個在中山國做官的魯國人，剛巧借住在造酒人家的家裡，就偷偷地拿了幾斤酒糟回魯國，用魯國的酒浸泡酒糟，並到處向人誇耀說：『這是地道的中山好酒啊。』魯國人喝了這酒，都以為這就是正宗的中山酒。一天，中山國的那位造酒老闆來到魯國，聽說魯國也有正宗的中山酒，便要了點來喝，剛一入嘴就吐了出來，笑道：『這是用我家酒糟泡的酒啊！』現在，您拿您的那點佛學知識在我面前炫耀或許可以，我恐怕真佛會笑話你竊取了他的酒糟呢。」

（見《郁離子・麋虎第十六・中山之酒》）

心得

學問不是用來炫耀於人的，更不是用來征服或者壓倒別人的。學問只是修身的基礎，是用來豐富和強大我們的內心的。

青田鄉間有一句俗俚叫「半桶糞最會晃蕩」，意思是說世上就數那些一知半解的人最喜歡賣弄學問。這則寓言裡，劉伯溫用「酒糟泡酒」的故事譏諷那位喜歡炫耀自己佛學知識的「半桶糞」，表明了劉伯溫對待學問的態度——嚴謹、認真，一絲不苟，學而無厭。

劉伯溫告訴我們，學問不是用來炫耀於人的，更不是用來征服或者壓倒別人的。學問只是修身的基礎，是用來豐富和強大我們的內心的。所以研修學問不能敷衍馬虎，滿足於一知半解。儒家把修身看作為人之本，而修身的主要手段就是學習。修身是一輩子的事，學習也是一輩子的事，向書本學習，向實踐學習，向他人學習，謙卑虛心的學習，孜孜不倦，永不滿足，在學習中形成和不斷提高個人的文化修養、藝術修養和品德修養。

儒家的老祖宗孔子本人就是個愛學習的模範生。子曰：「十室之邑，必有忠信如丘焉，不如丘之好學也。」（《論語・公冶長》）孔子說你到一個只有十戶人家的小村子，一定能找到一個像我這麼忠誠、這樣講信譽的人，但是要找一個像我這麼好學的人，就找不到了。孔子在生前就已經被人稱為聖人了。當時的人們認為孔子什麼都知道，知識無比廣博，就有很多粉絲崇拜他。所以他又說：「我非生而知之者，好古，敏以求之者也。」（《論語・述而》）孔子的意思是你們不要把我看得太神，我不是生而知之的，我就是對於古代的文化非常地愛好，然後我很勤奮地去瞭解它，去學習它，這就是我的優點。

連孔聖人都承認自己不是生而知之的，一輩子都在孜孜以求，學而不厭，所以中國傳統的知識分子在為學上都持一種嚴謹刻苦的態度。劉伯溫就是這樣的典型，時人稱他「自幼穎敏，既長，於書無不讀，凡天文地理、陰陽卜筮、諸子百家，莫不涉獵。」就是說劉伯溫對中國古代文化的各個領域，都有過較深刻的研究，涉獵廣泛，著作極豐。傳世的《誠意伯文集》二十卷，包羅萬象，理明氣昌。劉伯溫和諸葛亮一起被後人看作是「智慧的化身」，其智慧絕非天授，而是他一生「千讀百溫」刻苦為學的結果。

在今天這個速食文化時代，人心浮躁，依然抱持著劉伯溫那樣傳統嚴謹學風的國人是越來越少了。特別是成年人，整天忙於應酬，不讀書，不學習，遇到需要時，就當文抄公。現在抄襲論文成了家常便飯，大學生抄，官員抄，連大學教授也抄，沒有誰會為抄襲論文而臉紅。

錢鍾書先生在小說《圍城》裡寫方鴻漸遊學歐洲四年，生活懶散，一無所獲，回國之前為應付家人，只好花四十美元從一個愛爾蘭騙子手裡買了張所謂「克萊登大學」的博士文憑。但方鴻漸還是有點羞恥之心的人，回國後他到三閭大學就職時，就沒好意思提自己的「博士文憑」。而今日社會上有部分人不但不學無術，連方鴻漸的這點羞恥之心也沒有了。比如網路上曝出有的人也跟方鴻漸一樣留學海外，同樣只嚐了點洋人「酒糟泡的酒」，沒有喝到正宗的「洋酒」，回國時買了份某野雞大學的博士文憑，還到處炫耀，招搖撞騙。被人揭穿後，竟然臉不紅，心不跳，毫無羞愧之意，既不解釋也不道歉。今天某些國人對待學問的態度由此可見一斑，稱得上是斯文掃地，辱沒祖宗。

中國歷來有「以吏為師」的傳統，主張官員要成為社會大眾的楷模與表率。中國人有點大事小情都喜歡請領導來講講話做做指示，所以領導幹部不學習更不行。現在的官員們學歷高了，但整體上學風卻未必好。作家王躍文先生曾經批評我們的官員不愛讀書，他說：「我認識很多喜歡讀書的官員，但也有很多官員幾十年不看一本書，他們很習慣。不看書，也是習慣。」大家想一想，在我們國家竟然有很多官員是從來不看書的，但他們卻要到處「指導工作」，「以其昏昏，使人昭昭」會有多少好的效果呢？

有一位受人尊敬的長者說過：「一個不愛讀書的民族註定是沒有前途的民族。」現在國家的高層也充分認識到了這一問題的嚴重性，近年來都在不斷提倡終身學習的觀念，尤其是要求領導幹部必須形成愛學習愛思考的習慣。在資訊爆炸的現代社會，知識更新速度非常之快，不學習、不充電，像劉伯溫筆下的那位魯人一樣偷點酒糟就冒充美酒，註定會被時代所拋棄，更別侈談做一名合格的領導者了。

原文：中山之酒

客有好佛者，每與人論道理，必以其說駕之，欣欣然自以為有獨得焉。

郁離子謂之曰：「昔者魯人不能為酒，惟中山之人善釀千日之酒，魯人求其方，弗得。有仕於中山者，主酒家，取其糟歸，以魯酒漬之，謂人曰：『中山之酒也。』魯人飲之，皆以為中山之酒也。一日，酒家之主者來，聞有酒，索而飲之，吐而笑曰：『是予之糟液也。』今子以佛誇予可也，吾恐真佛之笑子竊其糟也。」

船是怎麼沉的？

寓言：知止不易

粵地有一位工匠善於造船，越王認為他造的船特別好，便讓管糧倉的官員供給他上等的糧食吃。廣東一帶的造船工匠們都非常尊敬他。一年後，這個工匠對越王說：「我不僅能造船，而且還能駕船。」越王相信了他，就讓他駕船。後來吳越兩國在雋李（今浙江嘉興）發生戰爭，他駕的船遇上大風，船沉人亡，越國百姓對他的遇難都深為憐惜。

郁離子說：「這就是畫蛇添足的那類人啊。人不論智愚，只有懂得適可而止，才能完成功業而不至於毀損自身。可惜，即使是像伍子胥那樣的賢良之士，也未能做到適可而止呀。當年伍子胥投奔吳國，初衷是要替他的父兄報仇。等到他帶兵攻入郢都，掘開楚平王的墳墓，鞭打他的屍體，父兄之仇已報，還有什麼不滿足的呢？可是他仍然不願離開吳國的權力中心，最終落得個自殺沉江的悲慘命運，這就是不懂得適可而止的後果啊。」

（見《郁離子・省敵第九・造舟者操舟》）

心得

人既要建立自己的理想目標，積極進取，又要懂得當行則行，當止則止，保證自己的行為始終處於合理合法的安全範圍以內。

術業有專攻，造船的高手不一定是駕船的高手。可惜寓言裡這位廣東的老兄自信心爆棚，非要親自過一把駕駛戰船的癮，結果送了命。他的悲劇源於對自身能力的錯誤判斷，源於不知進退。

劉伯溫透過這個小故事詮釋了儒家修身的一個重要原則——「知止」。一般來說「知止」有兩層意思，一是從積極意義上講，知止，就是要懂得「止於至善」。即做人要知道自己所要達到的理想或者目標在哪裡，人一旦確立了自己人生的理想與目標，思想就有了方向，對自身的境遇能夠泰然處之，安詳平靜而不妄動，不論在人生的什麼階段都能積極進取，有所收穫。二是從消極意義上講，知止，就是「止於當止」。通俗地講就是要懂得適可而止，即行事不要過分，當行則行，當止則止。而這兩層意思又是互相聯繫的。比如這則寓言裡的廣東佬作為造船工匠，他應該把造出最安全最先進的船作為自己的理想和目標，當他造的船得到包括越王在內的人們普遍讚賞時，他已經達到了「至善之境」，他應該適可而止。但他不知足，又要去做船老大，這就違背了知止的原則。

劉伯溫講完寓言，又藉郁離子之口告訴我們「人無問智愚，惟知止則功完而不毀。」意思是人不論智慧如何，只有懂得「知止」才能在建功立業的同時保全自己，並舉伍子胥的例子來說明做到這一點是多麼的不容易。

據《史記・伍子胥列傳》的記載，伍子胥是楚國人，名員。其父伍奢，兄伍尚。楚平王時，伍奢為太子太傅，受小人陷害，平王要殺伍奢，又恐伍奢的兩個兒子將來復仇，就派人召伍尚、伍員兄弟倆說：「如果你們來，我就讓你們的父親活下去，如果不來，現在就殺了他。」伍子胥說：「平王召我兄弟二人，並不是想讓父親活下去，而是怕有人逃脫，帶來後患。如果我們兩人都回去，父子三人就都要處死。大家一起死了，是沒有什麼價值的。還不如投奔他國，將來藉他國之兵為父親報仇雪恨。」伍尚對弟弟說：「你逃走吧，你有能力報殺父之仇。我將回去陪父親一起死。」伍尚回去後，與父親一起被平王殺害。伍子胥則逃奔吳國，結識了吳公子光，並策劃刺死吳王僚，幫助公子光奪得王位，是為吳王闔閭。伍子胥具有雄才大略，輔佐吳王闔閭富國強兵，數年後率軍伐楚，攻滅楚國，其時楚平王已死，楚昭王逃匿，伍子胥遍尋不著，便掘楚平王之墓，拉出屍體，用鞭子抽打了三百來下，方解心頭之恨。吳王闔閭去世後，伍子胥又扶助夫差即位，幫助夫差打敗越國，並勸夫差殺越王勾踐以免後患，但夫差聽信太宰伯嚭讒言，與越國講和，放回了越王勾踐。從此，夫差整日沉迷於聲色犬馬，疏遠並最終殺害了伍子胥。後吳國果為越王勾踐所滅，夫差死到臨頭才想起伍子胥的好處，然而悔之晚矣。

劉伯溫認為，伍子胥當年從楚國逃往吳國，心裡滿懷的是對楚平王刻骨的仇恨。當他終於「掘墓鞭屍」，報了父兄之仇時，應該說已經完成了人生的目標，正是「知止」之時。然而，他沒有功成身退，他他依然貪戀位極人臣的風光與榮耀，不願主動離開是非之地，結果惹來殺身之禍。可見做到「知止」二字是何等的不易，而知止對於人生的自我完善偏偏又是何等的重要。

就是在今天，知止的理念依然具有非常積極、正面的現實意義，應該成為我們追求自我完善的一個重要手段。人既要建立自己的理想目標，積極進取，又要懂得當行則行，當止則止，保證自己的行為始終處於合理合法的安全範圍以內。當個人的慾望到了一定限度時，我們要頭腦清醒，適可而止，要分得清什麼事能做什麼事不能做。很多領導幹部出事不就是出在了「當止不止」上嗎？高高在上久了，特權思想膨脹，世界上沒有什麼事是他不敢幹的，沒有什麼地方是他不敢去的，沒有什麼朋友是他不敢交的，也沒有什麼錢是他不敢收的。肆無忌憚，肆意妄為，一路狂奔，不知止步，結果註定是自掘墳墓，自尋死路。

原文：造舟者操舟

粵工善為舟，越王用之良，命廩人給上食，粵之治舟者宗之。歲餘，言於越王曰：「臣不惟能造舟，而又能操舟。」王信之，雋李之役，風於五湖，溺焉，越人皆憐之。郁離子曰：「是畫蛇而為之足者之類也。人無問智愚，惟知止則功完而不毀。故以子胥之賢而不免焉。夫子胥之入吳也，圖報其父兄之仇而已矣。及其入郢而鞭平王足矣，夫復何求哉？乃不去，而沉其身，不知止也。」

吃棋子的牛人

寓言：躁人短壽

在晉國和鄭國交界的地方住著一個性情急躁的人。他射箭射不中的時候就急得砸碎箭靶子，下棋下輸了，就生氣地咬棋子兒。別人勸他說：「這又不是箭靶子和棋子的過錯，事情沒做好，你怎麼不從自己身上找原因呢？」但他聽不進去，終因脾氣急躁而死去。

郁離子說：「這一點也可作為鑒戒了。老百姓就像箭靶的中心一樣，射擊它的是我，掌握了射箭原理就會射中；士兵就像棋子兒一樣，指揮他們行動的是我，掌握了規律就能取勝。求之無方，用之無法，以至於感到不如別人時就不勝其憤，憤怒的又不是地方，怎麼能不死掉呢？」

（見《郁離子・㯕虎第十六・躁人》）

心得

人生有許許多多的目的，但沒有一個是為了生氣。生活的品質其實取決於你對待生活的態度與心境，懷著一份欣喜面對上帝為你安排的因緣際會，你才能品嘗幸福的甜蜜。

射箭射不中，就把箭靶子給砸碎；下棋下輸了，就咬棋子兒。

在現實生活裡，急脾氣的人我們肯定見過不少，但像劉伯溫筆下這位急成這樣的，還是挺少見的，最後竟把自己給急死了。

從現代醫學的觀點來看，急躁是偏激心理的一種反映形式，寓言裡的這位「躁人」應該患有某種焦慮症之類的心理疾病吧。當然，古人是不知道這種事的。在劉伯溫看來，他不是一個病人，他只不過是沒有按照儒家的修身原則來完善自我，在人格和精神氣質上還存在著一定的缺陷而已。

儒家主張為人處世要保持平和寧靜的心態，不以物喜，不以己悲。子曰：「知者樂水，仁者樂山；知者動，仁者靜；知者樂，仁者壽。」（《論語・雍也》）孔子說：「智者喜愛水，仁者喜愛山；智者活潑，仁者沉靜；智者快樂，仁者長壽。」

按孔子的意思，仁者就像大山一樣寬厚安靜。

《菜根譚》上說：「寵辱莫驚，閑看庭前花開花落；去留無意，漫隨天外雲捲雲舒。」刻畫的就是儒家君子那種從容淡定的翩翩風采。

那麼今天我們又該如何來修煉這種平和寧靜、從容淡定的精神氣質呢？

我看首先是要培養善於思考的習慣。射箭不中或者下棋輸了的時候，如果「躁人」能夠冷靜地去分析失誤的原因，他就不會急得砸箭靶子、咬棋子了。所以旁人看得清，勸他別拿東西治氣，要他多多地反思自己。子曰：「不曰『如之何？如之何？』者，吾未如之何也已矣。」（《論語・衛靈公》）孔子的意思是一個人遇到問題不去思考該怎麼辦怎麼辦，我對這種人也真的無可奈何了。遇事不假思索，動輒惱羞成怒，整天氣極敗壞，像熱鍋上的螞蟻亂闖亂撞沒有方向感，儒家是不贊成這種生活態度的，劉伯溫批評的也正是這種人。

其次，在生活裡要善於調整心態與情緒，時時刻刻注意排除過多、過高的慾望和雜念。一個人心裡總是翻騰著各種慾望，必然會事事計較，患得患失。本來射箭、下棋不過遊戲而已，不論輸贏，只為了娛樂身心。但「躁人」勝得輸不得，竟然可以急成那副樣子，可以想見他在正事上的勝負心之強了。心胸狹窄，事事放不下，所以劉伯溫說他是「不勝其憤」，那最後還不把自己給氣死啊？

法國作家雨果說：「比大地更遼闊的是大海，比大海更遼闊的是天空，比天空更遼闊的是人的胸懷。」

雖然如今的社會很現實、很功利，但我們還是應該儘量生活得更大局一點，眼光儘量高遠一些，心胸儘量寬闊一些。為區區小事而耿耿於懷、怒氣衝天或憂心忡忡、向隅而泣，只能平添煩惱，徒自傷悲，最後落得一個像劉伯溫寓言裡這位「躁人」一樣可悲的下場。

有這樣一則小故事：

一個老和尚非常喜歡盆栽，有一天小和尚不小心打碎了師傅最心愛的一盆盆栽，小和尚非常害怕，哭著向師傅請罪，心想師傅這一回肯定氣得要把自己趕出山門了。出人意外的是師傅卻很平靜，只是讓他以後小心點。

小和尚弱弱地問：「師傅，你不把我趕出山門了？」

老和尚呵呵笑道：「我養盆栽是為了陶冶性情，不是為了生氣。」

這就是佛家的的大智慧，「不是為了生氣」簡單的六個字點醒多少夢中人。射箭、下棋和養盆栽一樣，都是為了陶冶性情、愉悅身心，不是為了生氣。同樣的道理，我們相識是為了友情，不是為了生氣；我們結婚是為了愛情，不是為了生氣；我們勞動是為了薪水，不是為了生氣；我們旅遊是為了放鬆心情，不是為了生氣；……，諸如此類，不一而足，總之人生有許許多多的目的，但沒有一個是為了生氣。如果寓言裡的那位老兄能夠懂得這一點，大概也不至於短壽而死了。

人的生命何其短暫，「神馬都是浮雲」。高高興興快快樂樂是一生，彆彆扭扭哭哭啼啼也是一生。生活的品質其實取決於你對待生活的態度與心境，懷著一份欣喜面對上帝為你安排的因緣際會，你才能品嚐幸福的甜蜜；排除過多、過高的慾望雜念，保持身心安定、清靜、謙和，學會思考、等待與忍耐，你才能成為一個從容淡定、長壽有福的人。

原文：躁人

晉、鄭之間有躁人焉，射不中則碎其鵠，奕不勝則齧其子。人曰：「是非鵠與子之罪也，盍亦反而思之乎？」弗喻，卒病躁而死。

郁離子曰：「是亦可以為鑒矣。夫民猶鵠也，射之者我也，射得其道則中矣；兵猶子也，行之者我也，行得其道則勝矣。致之無藝，用之無法，至於不若人而不勝其憤，恚非所當恚，烏得而不死？」

你還是當年的那隻鷹嗎？

寓言：鷹化為鳩

岷山的雄鷹變成鳩鳥以後，羽毛、爪子和嘴都跟鳩一樣了。牠飛翔在樹林之間，看見群鳥飛上飛下地聚集到一起，一時間忘記了自己已經是鳩鳥，竟然像過去那樣發出了鷹的鳴叫聲。群鳥聽到兇猛凌厲的鷹叫聲都嚇得瑟瑟發抖。

過了好長時間，有一隻烏鴉隱藏在茂密的草木後面窺視牠，看到牠的爪子、嘴和羽毛都像是鳩而不是鷹，就跑出來大叫。鳩鳥倉皇不知所措，想像過去那樣撲打烏鴉，但牠的爪子和嘴都已不再銳利，只好灰溜溜地躲進了灌木叢中。烏鴉招呼牠的同伴們一起去追趕牠，弄得鳩鳥狼狽不堪。

郁離子說：「雄鷹是天下最兇猛的鳥兒。可是一旦牠變成鳩，便已經失去了牠所倚仗的能力，這時候還發出鷹的叫聲，豈不是自取困擾？所以說聰明的人總是安於天命，對於世事的不公也有很大的忍耐力。」

（見《郁離子・公孫無人第十三・鷹化為鳩》）

心得

為鷹時就做好鷹的本分，為鳩時就做好鳩的本分，不論是處在人生的高潮還是低潮，人都要保持一顆平常心。

鷹變成鳩當然很荒唐，但用來比喻人生卻特別貼切。人生總有起起落落，高潮時活得像雄鷹一樣強悍風光，低潮時活得像鳩鳥一樣狼狽無力。

儒家主張不論是處在人生的高潮還是低潮，人都要保持一顆平常心，為鷹時就做好鷹的本分，為鳩時就做好鳩的本分，這就是劉伯溫透過這則寓言所要告誡我們的。

一個人在春風得意時，始終保持頭腦清醒，做到不驕縱，不跋扈，已屬不易；但失意之時，依然自重自愛，不妄自菲薄，不卑怯，不怨尤，可能更難。按照儒家的說法，讀書人要做到「窮則獨善其身，達則兼濟天下」（《孟子．盡心上》）。在我看來，一個人發達了讓他做些「兼濟天下」的事可能還不是太難，最難的就是窮而能獨善其身，在貧窮困頓中依然保持樂觀的精神與為人的尊嚴。

孔子最喜歡的學生是顏回。顏回短命而死，孔子大慟，哭得跟個淚人似的。孔子鍾意顏回，除了顏回好學、悟性高之外，孔子最認可的就是顏回安貧樂道的品性。子曰：「賢哉，回也！一簞食，一瓢飲，在陋巷，人不堪其憂，回也不改其樂。賢哉，回也！」（《論語．雍也》）孔子的意思是說顏回真是賢德之人啊，一竹筐子飯，一瓜瓢子水，住在一條破舊的小巷子裡，別人根本忍受不了那樣的窮愁煩惱，可是顏回的心裡一樣快樂。在孔子看來，面對如此艱苦的物質生活，內心依然恬淡，人生的態度依然超脫樂觀，那不是一般人能達到的境界，所以他反覆讚美顏回的賢德。

今天我們正處在激烈的社會轉型期，社會階層劇烈分化，收入懸殊越來越大，要做一個當代的顏回談何容易？看到別人名車豪宅，穿金戴銀，自己卻簞食瓢飲，捉襟見肘；看到別人家財萬貫，一擲千金，自己卻一無所有，省吃儉用，日子過得緊巴巴的，人的心理還能不能保持平衡呢？

著名作家史鐵生在《病隙碎筆》裡寫道：「自卑，歷來送給人間兩樣東西：愛的期盼，與怨憤的積累。」貧窮產生自卑，自卑期盼關愛，期盼而不可得，自然產生怨憤。史鐵生認為社會矛盾往往產生於不同社會階層之間的冷淡與隔膜。他說：「要征服那冷淡，要以某種姿態抵擋乃至壓倒那冷淡的威脅，自卑於是積累起怨憤，怨憤再加倍地繁衍自卑。」這種自卑與怨憤的惡性循環導致人的心理失衡，心理一失衡，後果很嚴重。自輕自賤，自暴自棄那是一般的，仇富反社會都有可能，像早年的馬加爵事件，近年福建南平的鄭民生惡性殺人案都是社會的弱勢群體心理嚴重失衡造成的惡果。解決這一問題，國家要實施大的系統工程，努力實現社會公平正義，縮小貧富差距；而公民個人也要加強心理調適，減少負面情緒，樹立樂觀豁達的人生態度。

現實生活裡，或許像顏回那樣從未發達過的人要保持安貧樂道的心態還容易些，最麻煩的是那些曾經像雄鷹一樣風光過的人，一旦落到了鴆鳥一樣普通的境地裡，其心理的失態甚至是致命的。許多習慣了高高在上、頤指氣使的人物，某一天突然失去了平日所倚仗的地位或財富，淪為無權無勢的庸常之輩，巨大的心理落差，使他們一時手足無措，整日裡不是愁眉苦臉長吁短歎就是牢騷滿腹罵罵咧咧，不但自己不痛快，還連累家人苦不堪言。有的領導下臺後，念念不忘在位時的威風八面，在家裡動不動召集全家開會，聽他做報告下指示，弄得家人哭笑不得，也成為社會上的笑料。心理上的失衡，精神上的痛苦，很快會轉化為身體上的疾病，許多人經受不起這種「鷹化為鳩」的巨大變故，匆匆忙忙就走完了生命裡的最後時光，其腳步之凌亂，神情之迷惘，背影之淒涼，令人不免為之唏噓。

緣於此，我覺得劉伯溫勸誡世人安貧樂道、安於天命，還是有一定的道理的，也很有現實意義。當代儒家學者南懷瑾寫過一個對子叫：「有求皆苦，無欲則剛」。有求就有求不得，就有痛苦；無欲則無所牽絆，為人就剛強正直。前句是佛家說的，後句是儒家說的，但意思卻是一致的，都是勸說人們儘量減少慾念，以求得內心的安寧平靜。

現在很多人家裡或者辦公室裡都喜歡掛一幅字：「淡泊明志，寧靜致遠。」關鍵在於我們不能只把這幾個字掛在牆上，還要落實在日常的生活裡。不論得意失意，不論順境逆境，永葆一顆平常心，為鷹時就做好鷹的本分，為鳩時就做好鳩的本分，我們的人生才會平安寧靜圓滿幸福。

原文：鷹化為鳩

文山之鷹既化為鳩，羽毛、爪觜皆鳩矣。飛翔於林木之間，見群羽族之䄪然集也，瞿然忘其身之為鳩也，虺然而鷹鳴焉，群鳥皆翕伏。久之，有烏翳薄而窺之，見其爪觜、羽毛皆鳩而非鷹也，則出而噪之。鳩倉皇無所措，欲鬥則爪與觜皆無用，乃竦身入於灌。烏呼其朋而逐之，大困。郁離子曰：「鷹，天下之鷙也，而化為鳩，則既失所恃矣，又鳴以取困，是以哲士安受命而大含忍也。」

你的惻隱之心還在嗎？

寓言：說休妻

有人問郁離子：「法律上規定，婦人被休棄有七種理由，這是聖人說的話嗎？」

郁離子說：「這是後世薄情寡義的男人的說法，並不是聖人的意思。婦人嫁給丈夫以後，如果有淫蕩、嫉妒、不孝、多言、盜竊這五種行為，可以說是天下公認的惡德。婦女有了這樣的行為，丈夫把她逐出家門是應當的。但是患了重病和不能生育，難道是女人願意這樣的嗎？不是她願意的卻落到了她的頭上，這本來已經夠不幸的了，而丈夫還要把她休了，這也太殘酷了吧！夫妻關係是人倫的一種，婦女把丈夫看作天，丈夫不憐憫她的不幸，反而拋棄她，難道是符合天理的嗎？而人們還把這種做法奉為典訓，這簡直是在教壞人如何害人的辦法。孔子死後，邪說氾濫，他們怕人們不相信，就藉聖人之名來宣揚自己的主張。唉，聖人不幸而被誣陷的時間也太長了吧。」

（見《郁離子・蓋藿第十七・七出》）

心得

在元末理學思想一統天下的時代，劉伯溫能夠站在婦女的立場來看待問題，對待婦女能夠有那樣一番悲憫情懷，不僅僅需要智慧，更需要勇氣。

《郁離子》一書以寓言為主，但也有一定篇幅是作者的言論，有些是以「郁離子曰」開頭的「直抒胸臆」，也有一些是像本篇這樣虛構的對話。這些看似抽象的議論抒發了劉伯溫的治國理想和人生感悟，不少精彩的警句格言彷彿粒粒珍珠閃爍其間，與那一個個生動有趣的寓言故事相形成趣，相映生輝。

平時與朋友聊到劉伯溫，說起他的真知灼見，我特別喜歡向朋友介紹劉伯溫這段批評「七出」的妙論。

我說：「劉伯溫太牛了，在他那個時代，還有誰能夠像他這樣體諒婦女的悲慘處境呢？」

要知道程朱理學或稱道學一個重要的特點就是強化了對婦女極其嚴苛、野蠻的束縛與壓迫。而理學自宋發端，經元一朝至劉伯溫生活的時代早已經成為了國家唯一正統的意識形態。朱熹被尊為孔、孟之後的又一聖人，他的《四書集注》成了國家科舉考試的主要內容和唯一標準。知識分子被充分洗腦，他們的思想情感不敢逾越儒家教條半步。道學家們提出的「失節事大、餓死事小」之類的荒唐主張以及「七出」之類的禮教教規，成了當時社會看待婦女問題的主流價值觀。正是從這個意義上講，我覺得劉伯溫能夠站在婦女的立場來看待問題，不僅僅需要智慧，更需要勇氣。

「不孝有三，無後為大」出自孟子之口，「七出」規定中把重病與不育作為休妻的理由，表面上看應該說與孟子的意思是一致的。但劉伯溫的過人之處就在於他不拘泥於條條框框，他對聖人之意有更為深刻而全面的領會與理解。孟子把人的惻隱之心看做是「仁之端」，他說：「無惻隱之心，非人也。」孟子舉例說，當一個人看到一個小孩向水井爬去，快要掉到井裡的時候，他就會莫名地緊張，會立刻衝過去救孩子。孟子提出疑問：人為什麼會有這樣的反應呢？是他想討好這個孩子的父母嗎？是他想在父老鄉親那裡博一個好名聲嗎？還是他討厭那孩子的哭聲呢？孟子說都不是，人之所以這麼做僅僅是出於他天性中固有的惻隱之心。孟子得出結論，惻隱之心既是人生而有之、與生俱來的，則誰若沒有了惻隱之心，誰也就不配做人了。（見《孟子‧公孫丑上》）學者易中天說：「所謂『惻隱之心』，也就是『不忍之心』；所謂『不忍之心』，也就是不忍心看著別人受苦受難受折磨的善心。這是道德的底線，也是道德的起點。一個人只要有了這樣一份善心，他就有可能成為一個好人。」

劉伯溫觀察所謂的「七出」，就是從一顆惻隱之心出發的。他認為重病與不育對於婦女本來就已經是極大的不幸了，丈夫還要休了她，這樣的男人還有惻隱之心嗎？還是人嗎？因此「七出」中這樣的規定明顯違反了聖人之意。其實「不孝有三，無後為大」說的是為人子者無故不娶妻、不履行傳宗接代的義務，是對父母最大的不孝。孟子並沒有主張把病重與不育的妻子逐出家門。

劉伯溫能有這樣超越時代的婦女觀，除了他的學識與氣量外，也與他自己的婚姻生活有關。劉伯溫的元配夫人富氏就是不能生育的，但劉伯溫並不嫌棄她，相反與富氏的感情特別好，可能他從富氏那裡深刻地體味到了不育症帶給婦女的巨大壓力與傷害吧，所以他才能那樣設身處地為婦女講話，言辭激烈地批判那種假聖人之名肆意損害婦女的歪理邪說。

有人說判斷一個人見識的高低，最好的辦法就是看他對待婦女問題的態度。在元末理學思想一統天下的時代，劉伯溫對待婦女能夠有那樣一番悲憫情懷，又一次證明劉伯溫的卓爾不凡，確實無愧於「千古人豪」的稱號。

如今婦女的地位發生了天翻地覆的變化，「七出」之類的封建教條早就成了歷史的笑話。但劉伯溫對待婦女的那一顆惻隱之心、那一種悲憫情懷永遠不會過時，在今天這樣一個競爭性極強的時代裡，社會的弱勢群體不同樣需要我們以一份悲憫的情懷給予他們虔誠的呵護、關懷、幫助與扶持嗎？

前些日子看到一則報導，有一位七十六歲的老人為湊錢給癱瘓在床的兒子買藥，一個人趕著驢車走了八個小時到鄭州城裡賣紅薯，可能是占道經營了吧，一位城管幹部先是把他的幾筐紅薯都摔到了地上，還不解氣，又動手打了老人兩個耳光。報導引來了社會的一片譴責之聲。城管執法當然是應該的，但是你的眼睛難道看不到站在你面前的執法對象是那樣一位飽經風霜的老人嗎？一位本該在家盡享天倫之樂的老人，卻還要千辛萬苦地出來謀生存，你對他沒有半點惻隱之心也就罷了，你怎麼可以砸了他的紅薯還動手打他的耳光呢？這還有天理嗎？好在我們的社會裡像這位城管這樣冷血的「非人」畢竟是少數，事情曝光以後，「紅薯爺爺」得到了社會各界的同情與關懷，愛心人士紛紛慷慨解囊資助他，還有人特意上門看望他，幫助他解決實際困難，讓我們感到冷酷的人間依然還有悲憫的溫暖與慈善的光輝。

原文：七出

或問於郁離子曰：「在律，婦有七出，聖人之言與？」

曰：「是後世薄夫之云，非聖人意也。夫婦人從夫者也，淫也、妒也、不孝也、多言也、盜也，五者天下之惡德也。婦而有焉，出之宜也。惡疾之與無子，豈人之所欲哉？非所欲而得之，其不幸也大矣，而出之，忍矣哉！夫婦人倫之一也。婦以夫為天，不矜其不幸遂棄之，豈天理哉？而以是為典訓，是教不仁以賊人道也。仲尼沒而邪辭作，懼人之不信，而駕聖人以逞其說。嗚呼，聖人之不幸而受誣也久哉！」

智慧像什麼？

寓言：說智慧

州之庸向郁離子請教，問：「雲，生成於山中，而山因為有雲霧繚繞變得更加神秘秀麗；煙，生成於火裡，而火卻被滾滾濃煙所遮蔽，這不是很奇怪嗎？」郁離子說：「問得好啊。人們在運用智慧上也是這樣的呀。智慧，出自於人。善於運用智慧，就像山間雲霧繚繞可以為山色添嬌；不善於運用智慧，則像火中出現的煙，反而遮蓋了火的本色。韓非子被秦國囚禁，晁錯被漢朝殺害，就是火中冒煙的例子。」

（見《郁離子・千里馬第一・論智》

心得

在為人處世和待人接物中，不耍小聰明，不自恃聰明而咄咄逼人，有意識的謙和、虛心，既是對自己的必要保護，也是對他人的尊重。

雲生成於山中，而山因雲霧繚繞更添秀麗神秘；煙生成於火裡，但火的絢麗雄美卻為煙所遮蔽。劉伯溫以此比喻人是否善於運用智慧，實在是非常貼切和巧妙。

一個人擁有高於常人的智慧按理說應該是上天特別的恩賜，但這份恩賜能不能給他帶來比常人更多的幸運與幸福，卻未必都有一個肯定的答案。就像劉伯溫舉的韓非與晁錯的例子，戰國的韓非與李斯同為荀子學生，韓非為法家的鼻祖，其著作為秦王所激賞，後韓非入秦，而李斯在秦為相，害怕韓非會搶了自己的榮華富貴，乃以讒言構陷韓非，並逼韓非自殺於獄中。

韓非之才，李斯自歎不如。但韓非與李斯同窗多年，卻不瞭解李斯嫉賢妒能、陰險狠毒的個性，其死於非命，既是死於李斯之手，也是死於識人之短。

西漢的晁錯向景帝獻「削藩策」，原是為鞏固漢王朝的千秋帝業計，但「七國之亂」起，景帝為平息叛亂竟將晁錯腰斬，可稱千古奇冤。

西漢初年，藩王尾大不掉，朝中大臣人人看在眼裡，但大家誰都不說，因為人人都明白誰提削藩誰必為諸王所恨。只有晁錯不怕死，強烈主張削藩，結果還沒等諸王來殺他，就先被景帝當了替罪羊。韓非與晁錯當然都是曠世的奇才，但他們有一個共同的弱點就是嚴重缺乏自我保護意識。在劉伯溫看來，他們雖然有超人的智慧，但他們不能很好地運用智慧來保護自己，輕易地喪失了自己的生命，所以算不上有大智慧。

劉伯溫的這段妙論反映了傳統儒家在為人處世上的一貫主張，那就是強調「藏拙」，反對鋒芒畢露。《論語・雍也》篇記載孔子宣揚魯國大夫孟之反低調謙遜的美德。子曰：「孟之反不伐，奔而殿。將入門，策其馬，曰：『非敢殿也，馬不進也』」孔子說：魯國大夫孟之反從不誇耀自己，打仗時軍隊潰敗，往回撤退，他留在後面抵擋敵人。快退至城門時，他邊用鞭子抽打馬匹邊說：「不是我英勇無畏敢於殿後，是馬不肯往前跑啊！」

孟之反害怕「被表揚」，明明是「你們撤，我來掩護」式的英勇無畏，卻偏偏要把自己說成是膽小鬼。孟之反的言行就是典型的「藏拙」，孔子非常欣賞，從《論語》有專門的記載可以看出，孔子生前可能對自己的學生多次宣講過孟之反的事蹟。

對比孟之反的智慧，可以看到韓非、晁錯之死，很大程度上就是死在了鋒芒畢露、不知藏拙上。像韓非明知秦國已有李斯還傻乎乎地硬往秦國跑；晁錯呢，滿朝文武誰都不提的事，他一個人在那兒乍乍呼呼的，能不招人嫉恨嗎？

在今天的人們看來，刻意的「低調」和過分的「藏拙」，多少有點近於虛偽。但在君主專制的時代，人的生命毫無保障，一言不慎，就有人頭落地之虞。俗話說「伴君如伴虎」，在帝王身邊，你不知道他什麼時候會吃掉你。都說餓虎食人，而帝王這只虎未必是餓了才吃人的，即便不餓，他一時不高興了，或者一時高興了，也會咬死你。有時候你死了，還不知道人家為什麼殺你呢。有時候他還在跟你噓寒問暖呢，心裡卻已經動了殺機。這樣的例子，在中國的史書上真是舉不勝舉啊。

或許正是在那個時代，見多了生命的不可預知性吧，劉伯溫才會把自我保護看做是第一等的智慧，這並不是在宣揚什麼「厚黑學」，而是感慨於當時政治現實的「經驗之談」，完全可以為今人所理解。

今天，我們正生活在一個張揚個性的時代，在日常生活中，當然不需要過分的謹小慎微和循規蹈矩。但多少懂一些藏拙的智慧還是很有好處的，在為人處世和待人接物中，不要小聰明，不自恃聰明而咄咄逼人，有意識的謙和、虛心，既是對自己的必要保護，也是對他人的尊重。

原文：論智

州之庸問於郁離子曰：「雲，山出也，而山以之靈；煙，火出也，而火以之畜，不亦異哉？」郁離子曰：「善哉問。夫人之用智者亦猶是也。夫智人出也，善用之，猶山之出雲也；不善用之，猶火之出煙也。韓非囚秦，晁錯死漢，煙出火也。」

瞎子和聾子是怎樣煉成的？

寓言：妙論知人與知己

郁離子說：「自己看而不見的人，喜歡說自己的長處；自己聽而不聞的人，喜歡說他人短處。喜歡炫耀自己長處的人，無法深入地認知自己；喜歡宣揚他人短處的人，無法深入地認知他人。無法深入認知自己的人，就什麼也看不見；無法深入認知他人的人，就什麼也聽不到。什麼也看不見的人，可以說他是瞎子；什麼也聽不到的人，可以說他是聾子。雖然人們都有眼睛和耳朵，但是所見所聞，有時還有達不到的地方，因此經常思考能使人聰明。即使這樣，人們還擔心自己知之不多，更何況是把自己的眼睛蒙上、耳朵堵上呢？不明事理卻騙人說：『我聰明能幹』，這樣的人不失敗是不可能的。」

（見《郁離子・瞽聵第五・自瞽自聵》）

心得

每個人或多或少都有一些強於他人的優點，這些優點既是一個人自信的源頭，也往往容易成為一個人自負的依據。而生活中，目空一切的人總免不了遭遇尷尬與失落。

「樂言己之長者不知己，樂言人之短者不知人。」這是一句標準的人生格言，那些即將跨入社會的莘莘學子們完全可以把它寫在案頭，做為自己今後為人處世的座右銘。

這句話也是上述劉伯溫語錄的核心思想。古代社會沒有發達的媒體，人們接收資訊的管道十分有限。劉伯溫認為向他人學習是豐富自己人生底蘊的重要途徑，而那些自負的淺薄之徒只看到自己的長處與他人的短處，自短見聞，就像自瞎其目與自聾其耳，失去了學習進步的能力，收穫的只能是失敗的人生。

我以為劉伯溫的這一番話可算是擊中了國人的軟肋。喜歡炫耀、吹噓自己的長處和樂於議論、挑剔他人的短處，不能不說是中國人普遍的毛病。現實生活裡無論是公共場合還是私人聚會，但凡有三五人聚集處，你所最常見到的場景不是有人在那兒高談闊論自己的高明之處，就是有人在那兒喋喋不休地報怨他人的種種不是。其實，在劉伯溫的時代，由於受主流意識形態即孔孟之道的教育與約束，讀書人一般比較謙和，狂妄自大的人還是不多見的。而在今天這個浮躁喧嘩的社會裡，我們已經很難找到像先賢劉伯溫那樣既滿腹韜略又謙和低調的人物了。社會推崇的是成功人士，「成功學」成了人人信奉的生活指南，追求成功就要懂得包裝和推銷自己，把自己吹成一朵花的同時，還要把別人貶成一堆糞。誰還抱持謙虛忍讓的人生態度，那是要被人恥笑的。

可是這種短視的成功學，或許可以給人帶來瞬間耀眼的光環，但註定帶不來一生的幸福。一個人如果長時間處於一種高高在上沾沾自喜的心理狀態，給他的生活所帶來的危害是顯而易見的。比如狂妄自大，感覺老子天下第一，世上沒有誰比自己更高明，整天盛氣凌人、頤指氣使，不能平等尊重地對待身邊的親朋好友，最終一定會落得個眾叛親離的結局。

生活裡，每個人或多或少都有一些強於他人的優點，這些優點既是一個人自信的源頭，也往往容易成為一個人自負的依據。而目空一切的人總免不了遭遇尷尬與失落。據說英國大文豪蕭伯納有次到蘇聯訪問，在公園散步時遇見一個小姑娘，聰明活潑，非常可愛。便同她玩了很久，臨別時，蕭伯納對她說：「你回去告訴你媽媽，今天同你玩的是世界上大名鼎鼎的蕭伯納。」小姑娘聽罷，也學著蕭伯納的口吻對他說：「你也回去告訴你媽媽，說今天同你玩的是蘇聯小姑娘麗莎。」蕭伯納頓時頓時羞躁得滿臉通紅。小姑娘的童言無忌，讓蕭伯納看到了自己的淺薄與狂妄，他後來說是那位蘇聯小姑娘教會了自己做一個謙虛的人。

劉伯溫說：「樂言己之長者不知己，樂言人之短者不知人。」如果我們做個逆向思維，我們會收穫意外的人生感悟。那就是一個「樂言己之短、人之長者」往往會成為人生的成功者。樂言己之短者，就是一個有自知之明的人，一個敢於自嘲的人，這種人內心無比強大，頭腦十分清醒，對於別人的溜鬚諂媚具有天然的免疫力；樂言人之長者，就是一個善於學習的人，一個溫和謙虛的君子。一個人既勇敢又謙虛，既強大又溫和，這樣的人不論他有無權勢，也不論他財富多少，至少他在人格意義上都是一個完美的成功者。

儒家強調內省、慎獨，子曰：「見賢思齊，見不賢而內自省也」。（《論語‧里仁》）劉伯溫的這一段精彩言論宣揚的恰恰就是儒家這種謙卑清醒的人生態度。謙虛低調，不是自卑自賤，不是怯懦軟弱，更不是阿Q精神，而是人生的智慧、境界和尊嚴。

原文：自聵自瞶

郁離子曰：「自聵者樂言己之長，自瞶者樂言人之短。樂言己之長者不知己，樂言人之短者不知人。不知己者無所見，不知人者無所聞。無見者謂之聵，無聞者謂之瞶。人有耳目，而見聞有所不及，恒思所以聰明之，猶懼其蔽塞也，而況於自聵自瞶乎？聵且瞶而以欺人曰『予知且能』，然而不喪者，蔑之有也。」

狗狗挨了打會怨恨主人嗎？

寓言：小人乞憐

衛靈公生彌子瑕的氣，揮著鞭子把他趕了出去。彌子瑕嚇壞了，三天沒敢上朝。

衛靈公問大夫祝子魚說：「子瑕會怨恨我嗎？」

子魚回答說：「他不會的。」

衛靈公問：「為什麼說他不會怨恨我呢？」

子魚說：「您沒有見過狗嗎？狗是依賴主人給牠飯吃的，主人生氣了，就用鞭子抽打牠，牠嗥叫著逃得不見蹤影。等到牠餓了，想吃東西了，就又怯生生地跑回來，似乎忘了主人曾經打過牠。如今彌子瑕就是您養的一條狗，靠您的恩澤才能填飽肚子。哪天他失去了你的歡心，他就得餓肚子，所以說他怎麼敢怨恨您呢？」

衛靈公說：「你說得對呀。」

（見《郁離子・靈丘丈人第四・彌子瑕》）

心得

小人得利的代價是聲名狼藉，是尊嚴盡失。而君子的報償是為人的尊嚴，是留在人間的口碑。

春秋時期衛靈公的寵臣彌子瑕是史上有名的小人。古人以「斷袖餘桃」來喻指男性之間的同性戀關係，其中「餘桃」的典故說的就是彌子瑕把一枚吃過的桃子讓給衛靈公吃，衛靈公不以為忤，反而吃得津津有味。彌子瑕藉著與衛靈公的曖昧關係而擅權一時，孔子在衛國時，彌子瑕對子路說，你讓孔子住我家來，我可以讓他當卿相。孔子拒絕了。在孔子眼裡，彌子瑕為邀寵於靈公，與靈公窮極狎昵，為世人所不齒，是衛國的一個奸佞小人。他不願意接受小人的恩典。

小人像狗一樣依附於主人的豢養，縱然主子打斷其筋骨，也不敢有絲毫怨恨。劉伯溫以彌子瑕為題材創作的這則故事，揭示了小人在人格意義上的可憐處境，以此勸告世人透過修身正已，努力成為一名襟懷坦蕩人格高尚的君子。

儒家重視修身，修身的過程就是學子們通往君子的必由之路。在儒家經典裡我找不到關於「君子」「小人」具體概念的闡述。但孔子倒是提出了如何區別君子小人的標準，子曰：「君子喻於義，小人喻於利」，也就是說對待義與利的態度是區分君子小人的標準。

喻於義，就是凡事要考慮是否符合仁義的要求，合於義的就去做，不合於義的就不做，所以君子做人有原則，無論什麼條件下他都能堅守道德的底線；喻於利，就是凡事利字當頭，只要有利可圖，什麼事他都願意做。所以小人沒有原則，沒有底線。《論語・先進》記載，孔子的學生冉有在魯國大夫季氏手下做官，要幫助季氏改革田賦制度，增加賦稅。為此徵求孔子的意見，孔子說季氏已經富得流油了，你就不要再去幫他盤剝百姓了。但冉有不聽孔子的勸告，仍然賣力地替季氏聚斂錢財，孔子非常生氣，對身邊的學生說：「冉有再也不是我的門徒了，你們大可擂著鼓去聲討他。（非吾徒也，小子鳴鼓而攻之可也。）」孔子主張中庸，為人溫和，不出惡言，但這一次卻一反常態，要求門人對冉有「鳴鼓而攻之」，可見老夫子一生氣，後果真的很嚴重。冉有是追隨孔子多年的學生，孔子也一直很欣賞他，但在這件事上孔子認為冉有為討季氏的歡心，幫助季氏盤剝百姓，逾越了君子的底線，已經淪為見利忘義的小人，所以孔子悲憤地要把他逐出師門。

從孔子逐冉有這件事上，可見儒家在區分君子小人上還是有著明確界線的，即：君子行事，惟義所在；小人行事，惟利所在。劉伯溫在《郁離子》裡對於小人的這種過分的逐利性即人性的貪婪，有很多生動而深刻的闡述，我們將在下一章「劉伯溫說貪婪之害」

裡專門介紹。

君子的凡事「喻於義」決定了君子往往一生多坎坷；小人凡事「喻於利」，所以小人往往享福貴。檢索歷史典籍，處處可見的是君子的困頓與悽惶和小人的亨達與得意，古今中外，莫不如是。

既然如此，那麼，我們修身而成為君子的理由又在哪裡呢？

劉伯溫的寓言給出了答案：人生在世，追求功名利祿固然無可厚非，但只為利益而活，其與犬類何異？

蔡京是北宋著名的書法家，其書法「冠絕一時」，與蘇東坡、黃庭堅、米芾合稱北宋四大家。或許正是看中了他的藝術才華，當時的書畫大師兼白癡皇帝宋徽宗趙佶特別寵信他，蔡京先後四次為相，時間長達十七年之久，其間蔡京為滿足徽宗的窮奢極欲，大興花石綱，大肆搜括民財，致使民生凋敝民怨沸騰。而北方的金兵趁機屢屢南侵，更讓百姓陷入巨大苦難。宋欽宗即位後，蔡京被貶嶺南。據說他帶著滿船的金銀財寶南下，但是千里長路上卻難以買到一口飯一杯茶。原來沿途的老百姓都痛恨蔡京這個奸相小人，都不賣東西給他。可憐這位老蔡京坐擁金山銀山竟然換不來一飯一粥，饑寒交加，病死於流放途中的長沙城裡。

蔡京小人一生，享盡榮華富貴，但小人得利的代價是聲名狼藉，是尊嚴盡失。蔡京不僅被當時的人稱為「六賊之首」，更留下了千古罵名。

正如劉伯溫寓言裡的彌子瑕，不僅主子當你是一條狗，世人都視你如一條搖尾乞憐的狗，就算給你一堆金山銀山，你的幸福又在哪裡呢？

而涉過苦難的河，你就是君子，君子的報償是為人的尊嚴，是留在人間的口碑。

原文：彌子瑕

衛靈公怒彌子瑕，抶出之。瑕懼，三日不敢入朝。公謂祝鮀曰：「瑕也懟乎？」子魚對曰：「無之。」公曰：「何謂無之？」子魚曰：「君不觀夫狗乎？夫狗，依人以食者也。主人怒而抶之，嘷而逝。及其欲食也，葸葸然復來，忘其抶矣。今瑕，君狗也，仰於君以食者也，一朝不得於君，則一日之食曠焉，其何敢懟乎？」公曰：「然哉。」

Chapter 2

劉伯溫說貪婪之害

自從有人突發奇想，在土地上圍上一圈籬笆，
並且聲稱這裡只屬於自己的那天起，
人類就開始患上了一種與生俱來的不治之症——貪婪，
即對財富的永不知足的佔有慾望。

自從有人突發奇想，在土地上圍上一圈籬笆，並且聲稱這裡只屬於自己的那天起，人類就開始患上了一種與生俱來的不治之症——貪婪，即對財富的永不知足的佔有慾望。

儒家系統的思想家對於人性的貪婪是非常警惕的，他們並不是完全排斥「利」，但顯然認為過分的逐利性會損害他們心目中最重要的倫理價值「仁義」。孔子說：「君子喻於義，小人喻於利」，意思是君子凡事先考慮是不是符合道義的要求，而小人凡事先考慮對自己是不是有好處。孟子說：「上下交征利，而國危矣。」意思是說舉國上下都在挖空心思地想著掙錢發財，那國家就危險了。

或許是由於孔孟所處的時代物質還非常匱乏吧，那時候人性的貪婪可能還沒有後世那麼嚴重，所以他們對人類過分逐「利」的危害性都沒有特別深入的闡述。到了劉伯溫所生活的元末，孔子已經死了將近兩千年了，貪婪這朵人性的惡之花早已神州處處開遍。劉伯溫深有感觸，認為正是貪婪對人性的扭曲，造成了社會的禮崩樂壞、弊端叢生。他在《郁離子》裡反覆寫到這方面的內容，有哀歎有勸誡有剖析有教誨，讀之讓人震撼、沉思。

今天，就讓我們從一隻狸貓的遭遇開始，去靜心聆聽先賢劉伯溫的叮嚀與教誨吧。

狸貓之死

寓言：狸貓偷雞

郁離子住在山裡。夜晚，有狸貓偷了他的雞，追牠沒追上。第二天，僕人在牠進入的地方裝上捕獸籠子並用雞做誘餌，狸貓一來就困住了。牠身體被捆著，但嘴還死死咬在雞身上，爪子還死死揪住雞的腿，僕人一邊打一邊奪，狸貓到死也捨不得放開。

郁離子歎了一口氣說：「為錢財利祿而死的人大概也像這隻狸貓吧！宋國有一個縣官因接受賄賂而招致官司，獄官審問他，他隱瞞不承認，拷打他，他還是不說。官吏勸他說：『你承認了，罪是有限的，最多關幾年牢；不承認，就要被打死，兩害相權，你為什麼不選擇輕的？』他最終還是不認罪而被打死了。臨死前，他把兒子叫到身邊，悄悄對他說：『你好好保存那些錢財，那可是我用死換來的啊！』人們都譏笑他，他如此愛財不愛命，和那隻狸貓有什麼兩樣呢？」

（節譯自《郁離子・虞孚第十・狸貪》）

心得

劉伯溫的意思當然不是哀歎那隻可憐又可恨的狸貓，他哀歎的是如狸貓一樣為財而死的人——錢財本來是為滿足人的，但最終人卻成了錢財的奴隸，到死也沒醒悟過來。

劉伯溫著《郁離子》之時隱居於故鄉青田。青田地處浙南山區，境內山高林深，林中多野豬、黃麂和狸貓。狸貓在青田土話裡呼作「貓狸」，舊時，青田山民家的雞舍常有狸貓光顧，「貓狸叼雞」是青田鄉間的一句俗俚。這則「貓狸叼雞」的故事，應該是劉伯溫的親見。

狸貓的身子被綁住了，但嘴巴依然死死地咬住雞，爪子依然死死地抓住雞，任人又打又扯，到死也不肯鬆開。

這個情形是很震撼的，貪婪的因數都滲入骨子，成了潛意識的反應，即使在死的面前，也不放棄對獵物的佔有。

劉伯溫表面上寫的是狸貓，實際上要告誡的是世人。狸貓對家雞的貪婪只是動物的本能反應，而人有智慧，有足夠的思考能力，依然有像這隻狸貓一樣的「死貨利者」，是因為「貪婪」這個魔鬼一旦佔據了人的心靈，就會一天天地扭曲人性，咬噬人類天性中的善良和理智，讓人沉溺於逐利的瘋狂裡不可自拔。

劉伯溫的時代，物質還沒那麼豐富，但劉伯溫已經敏感地認識到沉迷於逐利的危害性，錢財本來是為滿足人的，但許多人最終卻成了錢財的奴隸，到死也沒醒悟過來。就像那位宋國的縣官，寧可被活活打死也不說出錢財的下落，讀之讓人不勝唏噓。

古今中外許多文學大師都在經典作品裡抨擊過人性的貪婪，塑造了不少像劉伯溫筆下這隻狸貓一樣貪婪到死的典型人物。清朝文學家吳敬梓創作的《儒林外史》裡的嚴監生是文學史上著名的吝嗇鬼。嚴監生是個大富翁，家裡「錢過北斗，米爛成倉，童僕成群，牛馬成行」。他臨死之時伸出兩個指頭，始終咽不下最後一口氣，病床前眾人紛紛猜測，但都猜不到是什麼意思，最後還是他媳婦明白他的心思，知道他是嫌油燈裡點了兩莖燈草太浪費，他媳婦把兩莖燈草挑掉了一根，他這才放心地斷了氣。一個家財萬貫的富翁，臨終前沒有想到自己的親人，也沒有留戀自己的生命，而是對兩莖燈草耿耿於懷。他伸著兩根指頭遲遲不肯咽氣的情景，與劉伯溫筆下那隻到死還緊抓著雞不放的狸貓何其相似。人之成為錢財的奴隸以至於此，怎不讓人哀其可憐，怒其可恨呢？

今天的時代儼然已成了一個物質至上的時代，市場規則支配著人們的日常生活，日益發達的服務業幾乎可以滿足人們一切的慾望與需求——前提是只要你有足夠的鈔票支付。由於金錢所能帶來的物質享受太豐富太多樣太誘人了，人們對金錢的追逐也更加瘋狂、更加肆無忌憚。世上像那隻偷雞狸貓一樣至死不悔的貪婪之人，那裡還數得過來呀。在拜金主義的滾滾濁流面前，人與人之間愛的價值、傳統的道德倫理觀念，都受到不同程度的衝擊，正在變得越來越稀薄脆弱。有的官員把靈魂出賣給了金錢，在他們眼裡公平正義一文不值。有的女人在電視上公然宣稱「寧願躲在寶馬車裡哭，不願坐在自行車後面笑」，在她們心裡愛情比起金錢就是個屁。魯迅先生說：「悲劇就是把人生有意義的東西打破給人看。」在今天這個時代，有太多「人生有意義的東西」都被輕易地打破了，從這個角度看，我們放眼所及，神州處處是「杯具」。

曾經從報上讀到這樣一個故事，有一位企業家，在城裡打拼多年，事業做得越來越大。有一年，他突然得了一場大病，是醫生從死亡線上把他搶救了回來。病好後，他深感害怕，他說：「如果這一回我嘐嘣一下真的就過去了，那我這一輩子就太虧了，除了忙忙碌碌，別的什麼也沒落下。」於是，他毅然決然地結束城裡的事業，回到了鄉下的老家，買房置地，種菜養魚，過起了自給自足自得其樂的逍遙生活。他說：「每天站在自家的菜地上，呼吸著鄉村新鮮的空氣，我感到前所未有的輕鬆與愜意。過去，我拚命掙錢，表面上看財富是越來越多，實際上我只不過是金錢的囚徒而已。」

我很佩服這個人，他不光想得通還能做得到。現實生活裡，有的人理智上可能也有這樣的認識，但行為上往往無法擺脫金錢的役使與束縛。從這個意義上看，劉伯溫數百年前對人性弱點的哀歎今天聽來依然如黃鐘大呂般直逼人心。人類啊，聽聽吧，智者早已告誡過咱們了，千萬不要做那隻可憐的狸貓啊！

原文：狸貪

郁離子居山，夜有狸取其雞，追之，弗及。明日，從者攏其入之所以雞，狸來而縶焉。身縲而口足猶在雞，且掠且奪之，至死弗肯捨也。

郁離子歎曰：「人之死貨利者，其亦猶是也夫？宋人有為邑而以賂致訟者，士師鞫之，隱弗承；掠焉，隱如故。吏謂之曰：『承則罪有數，不承則掠死，胡不擇其輕？』終弗承以死。且死，呼其子私之曰：『善保若貨，是吾以死易之者。』人皆笑之，則亦與狸奚異焉？」

農夫第一次從草叢裡摸到一隻山雞，第二次呢？

寓言：農夫之死

句章（今浙江慈溪一帶）有一個農夫，用雜草遮擋他家的籬笆。一天，他聽到草叢裡發出唧唧的叫聲，便扒開草叢，居然捉到了一隻山雞，他把草重新蓋上，想從那裡再抓到一隻。第二天一大早，他就到籬笆那兒細聽，似乎又聽到了昨日那樣的唧唧之聲，不禁喜出望外，急忙把手伸到草叢裡去抓，卻抓到一條毒蛇，他的手被蛇咬傷，沒多久就中毒死了。

郁離子說：「這件事雖然很小，但可以作為人們的重要鏡鑒。天下有意外的福分，也有意外的災禍。可惜人們往往不知道禍福是互相倚伏的關係，就把僥倖碰上的好事當作是常有的事。所以，失意的事常常發生在人們得意之時，這是由於他們只見利而不見害，只知道存在而不知道滅亡啊。」

（見《郁離子・虞孚第十・見利不見害》）

心得

貪婪之人面對事物往往見利不見害，在行為上表現為過分的樂觀，絲毫不考慮事物的風險性。

意外得到一隻山雞，本來是件好事，但農夫的貪婪之心被激發了，他一廂情願的以為還能得到更多的山雞，結果送了命。

貪婪讓人失去應有的戒心，農夫第二次聽到草叢裡傳出聲音，就以為還是山雞，他壓根沒想到也有可能是毒蛇。

劉伯溫在寓言裡生動地寫出了貪婪之人面對事物的心理狀態——見利不見害。在行為上表現為過分的樂觀，根本不考慮事物的風險性。

著名作家梁曉聲寫過這樣一則有趣的小故事：

一位勤勞的農民，從自己的菜園裡收穫了一個大得不得了的南瓜，他又驚又喜，把這個南瓜獻給了國王。國王很高興，賜給農夫一匹駿馬。

財主聽說了這件事，就想：「獻一個大南瓜，就能得到一匹駿馬，如果獻一匹駿馬，國王會賜給我什麼呢？」

於是財主就向國王獻上了一匹價值連城的千里馬。

國王同樣很高興，吩咐侍臣：「就把那個農民獻給我的大南瓜，賜予這位獻馬的人吧。」

結果財主得到了南瓜。

可憐的財主，只從農夫的幸運裡看到財富的乘法效應，他想不到事物的發展還有另外一個向度，他會得到除法的結果。並不是這位財主愚蠢，只是他的心靈被貪婪所綁架，腦袋一時進水，犯了見利不見害的毛病。他看到了農夫「投資」成功的經驗，但沒有仔細考慮農夫獲利的關鍵在於國王的一時興起，而國王是否高興顯然是個不確定因素，所以照抄農夫的經驗存在失敗的風險。

今天社會上有那麼多投資失敗的人，在做出投資決定的時候不也是和這位財主一樣犯了「見利不見害」的毛病嗎？

比如投資股市，在龐大的股民隊伍裡，真正具備清醒的投資理念的人是很少的，大多數股民都是看到別人從股市賺錢時起了貪婪之心而盲目入市的。他們往往既沒有投資股市的知識儲備，也沒有承受風險的心理準備。他們只有一顆簡單的攀比之心，看到了別人的得利，心裡就想既然他能賺，我怎麼不能賺？既然他能翻倍，我怎麼不能翻倍？因此，入市就是鐵了心賺錢、鐵了心翻倍來的。

在這樣的心理支配下，市場漲了，就想賺更多的，不知道見好就收；市場跌了，就加倍投入想儘快翻本，不知道止跌停損。冷酷的現實告訴我們，這樣的做法其結果往往事與願違，不但賺不到錢，可能還會賠得很慘。

英國偉大的物理學家牛頓，就是那個被蘋果砸了腦袋而發現萬有引力定律的牛頓，也炒股。有一回他賣出了所持有的英國南海公司股票，獲利七千英鎊，這在當年的英國是一筆不小的財富，本來有那麼大收穫就行了，但之後南海股票繼續上漲，牛頓感覺自己只賺了個小頭，嚴重「踏空」。於是，他再度買回了南海股票。誰知人算不如天算，隨後形勢急轉直下，南海股票的泡沫最終破滅，牛頓最終以虧損兩萬英鎊了結殘局，相當於牛頓十年的收入化為灰燼。

貪婪帶來的盲目樂觀能讓一個以嚴密的邏輯分析為生的科學家都失去理智的判斷力，偉大如牛頓者也有被貪婪「頂了肺」的經歷，可見人類要抗拒貪婪是一件多麼艱難的事。

今天社會上騙子越來越多，騙術五花八門，什麼短信詐騙、電話詐騙、購物詐騙、投資詐騙、退稅詐騙，花樣百出，令善良的人們防不勝防。但萬「騙」不離其宗，所有的騙術只有一個起點——那就是人類的貪婪之心。騙子只要成功地觸動了你身上那個貪婪的開關，你的智商就會成倍下降，防範之心頓消，見利不見害，上當受騙也就水到渠成了。所以，有的專家告訴我們，要預防詐騙，最關鍵的一條就是不要相信天上掉餡餅的神話。

不過，我們說「見利不見害」的毛病主要在於對事物的判斷過於樂觀，但並不是說這種對事物的樂觀判斷就全是有害的，特別是在投資領域。從經濟學的角度來分析，人類很難，或者說不太可能非常正確地預測投資的未來結果，人類的大多數投資，或多或少都帶有某種盲目性和幸運性。這種對投資的利好估計和對賠本後果相對的漠視，拿凱恩斯的話來說，就好比是人們故意遺忘「死亡」的觀念。試想一下，如果人們時刻掛念和計算著自己什麼時候會死的話，他的生活將會是多麼的糟糕。

市場經濟的高度發展，大大激發了人們的冒險精神，所謂「撐死膽大的，餓死膽小的」，許多機會都伴隨著巨大的風險，你不肯冒險，就會失去許多機會。當然樂於冒險的人千千萬萬，但是冒險成功的比例永遠是極低的，這也是事物的規律，人們不能不記取。這裡特別需要提出的是國家公務人員絕對不能加入冒險家的行列。

今天許多政府官員動輒貪污受賄數百上千萬元，他們以為自己「收人錢財，給人方便」都是神不知鬼不覺的事，永遠不會被人發現的，同樣是因為利令智昏，見利不見害，失去了應有的判斷力，犯了盲目樂觀的錯誤啊。

原文：見利不見害

句章之野人，翳其藩以草，聞喈喈之聲，發之而得雉。則又翳之，冀其重獲也。明日往聆焉，喈喈之聲如初，發之而得蛇，傷其手以斃。

郁離子曰：「是事之小，而可以為大戒者也。天下有非望之福，亦有非望之禍。小人不知禍福之相倚伏也，則僥倖以為常。是故失意之事，恒生於其所得意，惟其見利而不見害，知存而不知亡也。」

猜猜看，老虎為什麼跳了懸崖？

寓言：虎逐麋鹿

一隻老虎追趕一隻麋鹿，麋鹿逃到懸崖邊上，正在彷徨猶豫，見老虎就要追上來了，倉皇之際便縱身跳了下去。老虎趕到竟也隨牠跳了下去，結果牠們一起墜落而死。

郁離子說：「麋鹿從懸崖跳下去，是不得已。因為前有懸崖，後有老虎，向前是死，後退也是死。後退，被老虎抓到，只有死而沒有活的希望；向前，雖然墜落懸崖凶多吉少，但畢竟還有一線絕處逢生的希望，怎麼著也好過坐等老虎吃掉啊。至於那老虎，進退全由自己決定，不是出於萬不得已，但卻隨麋鹿一塊墜落，為什麼呢？

「麋鹿雖然死了，但畢竟與敵人玉石俱焚，假如當時不從懸崖跳下去，就不能拉著老虎墊背。老虎的悲劇主要是牠愚昧，但也是因為麋鹿的計謀得逞。唉，那隻可憐的老虎可以作為貪婪之人的永久鏡鑒了！」

（見《郁離子・虞虎第十六・虞虎》）

心得

人類對名利的瘋狂追逐，終釀殺身之禍，與虎逐虞鹿俱墜懸崖何其相似啊？

上一節，我們講了農夫的故事，貪婪使農夫見利不見害，喪失了對風險的防範之心。但農夫之失畢竟只是盲目樂觀造成的疏忽，而虎逐虞鹿中的老虎卻被貪婪之心帶入了瘋狂的狀態。老虎的眼裡只有獵物，即使前面是萬丈深淵，牠也毫不畏懼，牠的縱身一跳，身姿一定很漂亮，可惜牠留下一條美麗的弧線，還來不及欣賞，就與牠的獵物一起安息了。

劉伯溫分析虞鹿面對的情況是前有懸崖，後有虎口。所以虞鹿墜懸是迫不得已，是萬般無奈，是於無望之中求萬一的生機；但老虎沒有任何必死的理由，追不上虞鹿只不過少了頓美餐而已，但牠卻毫不猶豫地追隨著麋鹿跳下懸崖，這就不單單是愚蠢兩字可以解釋的，所謂利令智昏，是貪婪讓牠失去理智，讓牠陷入了瘋狂的狀態。

劉伯溫為這隻可憐的老虎安排的葬身之所——懸崖，是一個耐人尋味的意象，它的象徵意義特別鮮明、特別形象，讀之讓人驚心動魄。

人類在巨大的利益誘惑下，即使面對萬丈懸崖，會不會也如那隻老虎一樣，瘋狂地縱身躍下呢？

儘管人類有最高的智慧，但現實告訴我們，他們會的。

中國的刑法為巨額貪賄規定了世界上最嚴酷的懲罰——死刑。官員一旦起了貪賄之念，就已經站在了懸崖邊上，只要往下望一眼就會眼花、腿軟，嚇個半死。一般來說受了驚嚇他們一定會抽回腳步，回到安全地帶的。可是他們中的很多人，偏偏不信邪，彷彿個個都練過了「蹦極」，眼睛眨也不眨就敢縱身一躍，他們以為自己在自由飛翔，殊不知身上沒繫安全帶，落下來只有一個後果就是粉身碎骨。

成克傑、王懷中、胡長清等等大大小小的貪官不就是那一隻接著一隻躍下懸崖的傻老虎嗎？他們瘋狂追逐獵物，上萬上億地貪污受賄，成百成千地玩弄女性。有人甚至提出瘋狂的「三光政策」——官帽賣光，錢財花光，女人搞光。其貪婪之盛到了令人匪夷所思的程度，他們在無度的貪婪中腐爛並快樂著，他們也在瘋狂的快感裡一步步追隨著獵物，跳下懸崖，走向自我毀滅。

當一個普通人為貪婪而瘋狂，傷害的可能只是自己與家人；當一個具備某方面影響力的個人或者群體為貪婪而瘋狂時，其危害就大了，輕則給周圍人群帶來傷害，重則給國家、人民，甚至全人類帶來災難。

比如二戰時期希特勒、東條英機等戰爭販子，他們不滿足於統治一族一國，貪婪地要把世界據為己有，結果戰火四起，釀成人類歷史上空前的大劫難。戰爭的起因固然很複雜，但戰爭狂人的罪惡，從人性上看，不也是萌發於他們內心的極度貪婪嗎？

而工業化以來，人類的集體貪婪，他們對大自然窮凶極惡的掠奪，則正在遭到大自然越來越嚴厲的懲罰與報復——地球村資源枯竭，災害頻發，幾乎使人類自身的生存都難以為繼。英國科學家霍金先生說：「由於人類基因中攜帶的自私貪婪的遺傳密碼，人類對地球掠奪日盛，資源正在一點點的耗盡。」霍金悲觀地認為二百年後地球可能就不適合人居了，他警告人類趕快尋找另外一個適於人類生存的星球，早作「搬家」的打算。可是霍金先生可能沒有想過，如果我們人類的貪婪之心依舊，即使到了一個新的星球，恐怕只會給那個無辜的星球帶去滅頂之災，人類自身最終也還是難逃毀滅的結局。

今天我們正身處於一場席捲全球的金融風暴之中，這場災難把全世界都帶入了經濟蕭條的深淵，它同樣起源於人性的貪婪。美國總統奧巴馬指出：「我們不是因為歷史的意外才走到了這一步，是華爾街的貪婪與不負責任造成了今天這樣的局面。」

那些手中握有重權的人們，都應該從這場危機中得到深刻的教訓，因為你們一旦被貪婪綁架，整日沉迷於逐利的瘋狂，害的可能不是你一個人，更會給公共利益帶來不可挽回的重大損失。

學會克制和約束貪婪吧，在萬丈懸崖前，請收住你那冒險的腳步。

原文：麋虎

虎逐麋，麋奔而闕於崖，躍焉，虎亦躍而從之，俱墜而死。

郁離子曰：「麋之躍於崖也，不得已也。前有崖而後有虎，進退死也。故退而得虎，則有死而無生之冀；進而躍焉，雖必墜，萬一有無望之生，亦愈於坐而食於虎者也。若虎，則進與退皆在我，無不得已也，而隨以俱墜，何哉？麋雖死而與虎俱亡，使不躍於崖，則不能致虎之俱亡也。雖虎之冥，亦麋之計得哉。嗚呼，若虎可以為貪而暴者之永鑒矣。」

誰能讓一個老酒鬼戒酒呢？

寓言：玄石好酒

有一個叫黔中的人在齊國做官，因貪污受賄被撤職，生活陷入了困窘。他求到了豢龍先生的門上，說：「小人如今因貪財受到了嚴厲的懲罰，惟望先生可憐我，推薦我再出去做官。」

可是再次做官沒多久，他又因貪賄被免職。

豢龍先生說：「從前有個叫劉玄石的人，特別喜歡喝酒，整日爛醉如泥，有一回喝病了，感覺五臟六腑都被煙薰火烤，肌肉骨頭如同被汽蒸水煮，疼得像是要裂開一樣，百藥不能救，三天以後症狀才緩解了下來。他對家人說：『這回我明白了，喝酒真要喝出人命的，從今以後我可不敢再喝了。』過了不足一個月，他的酒友來了，說：『你稍微嚐一口唄。』他喝了三杯就不喝了。第二天酒友又來了，就喝了五杯；第三天增加到十杯，第四天就又開懷暢飲一醉方休了，早把先前的賭咒發誓忘得精光。所以說，貓不能不吃魚，雞不能不吃蟲，狗不能不吃屎。這是牠們的天性，哪裡改得了啊。」

（見《郁離子・虞孚第十・好賄》）

心得

貪婪成性就如同酒鬼的嗜酒如命，一旦上了癮就不容易戒除。解決官員的貪賄問題，僅僅依靠官員個人的道德自律肯定不行，還必須有來自社會的強大嚴密的全方位的「他律」。

人們說「吃一塹長一智」，又說「人不能在同一個地方跌倒兩次」，而寓言裡這個叫黔中的，竟然因為貪賄被查辦了兩次，可見他是一個多麼愚蠢魯鈍的傢伙。

貪婪與人類的其他惡習一樣，一旦沾染上了就不容易戒除，就像那位歷史上著名的酒鬼劉玄石先生怎麼也戒不了酒癮一樣。

劉伯溫講玄石好酒的故事，是為了表達他對元末社會貪污成風的深刻不滿與失望。劉伯溫認為對於那些貪婪成性的官員，再怎麼教育都是枉然的，他們是不可能迷途知返的，就如同貓改不了貪腥、狗改不了吃屎。

值得我們深思的是寓言中的玄石先生不堪醉酒後病痛的折磨，曾經向家人痛下了「不敢復飲」的決心，但僅僅是酒友們的略加引誘，幾日之內他就爛醉如初，早把先前的賭咒發誓拋到了腦後。可見人類這種建立在「切膚之痛」基礎上的所謂「自律」，是多麼的脆弱，多麼的不堪一擊。

在專制社會裡，當官的風險主要來自於同行之間的傾軋與爭鬥。中國那麼悠久的封建歷史上，幾乎從來不曾有過什麼對官員的剛性監督，官員是否清廉基本上取決於其個人的道德自律。歷朝歷代大小官吏不可勝數，但見於青史的所謂清官卻是寥寥無幾，可見單純依靠道德自律是一件多麼不靠譜的事。或許正因為稀缺吧，中國老百姓一般都有著濃重的清官情結，古代官員中像包拯、海瑞那樣的清廉典範受到後世特別的尊崇與膜拜。先賢劉伯溫也是一位自律極嚴的清官，為官一輩子，無論是在元末還是在明初，始終保持一身正氣、兩袖清風。特別是入明之後，他「辭封爵而不貪天之功，終身顯榮而私產無寸」，生活儉樸，住「茅舍」，炊「黍飯」，死後僅幾抔黃土、一丘小墳。其清貧廉潔在當時就有很高評價。劉伯溫今天依然深受後人愛戴與崇敬，恐怕這也是原因之一吧。

儘管每個時代都會有那麼一批品德崇高、勇於擔當的國之棟樑，但僅僅依靠少數精英的道德自律，對於廣大老百姓絕對不是什麼福音。當下中國的國情現狀也再次印證了這一點。

二〇一〇年初，全中國各大媒體均報導了中國著名的婚姻問題專家巫昌禎教授的一個統計，她調查發現當前被查處貪官中百分之九十五的人有情婦。並不是這些官員的覺悟特別低，相信他們理智上都明白養情婦、包二奶為黨紀國法所不容，剛開始也可能還保持著一點自律之心。可是「愛美之心，人皆有之」，連孔子都說「吾未見好德如好色者」（《論語・子罕》），何況有了權就有了一切，面對送上門來的美色誘惑，有多少人可以坐懷不亂呢？而外部的監督又嚴重缺位，更使他們有了恣意妄為的空間。有的官員情婦竟然多達一百五十六名，大有與古代皇帝的三宮六院一較高低之勢。讓人深感吊詭的是官員們擁有成群結隊的情婦都是在落馬後曝光的，領導在任時百姓並不知情。是這些官員保密工作做得好嗎？養隻小貓小狗鄰居都能知道，養那麼多活色生香的大美女焉能做到神不知鬼不覺？其實他們的秘訣在於一種中國獨有的名叫「為尊者諱」的傳統病毒。

在中國，普通公民的個人隱私常常得不到應有的尊重與保護，但官員的私生活卻差不多成了國家機密，誰也不能干涉與評論。這與西方國家形成了特別鮮明的反差。在西方，平民百姓享有充分的個人自由，只要不違反法律，愛幹啥就幹啥，私生活一般不容他人置喙。而公眾人物包括政府官員的隱私權則是受到限制的，人們對他們的道德品質的要求遠高於一般標準。人一旦走上了從政為官之路，約束他們的不僅有出於個人內心的「自律」，更有來自社會的全方位的、強大而嚴密的「他律」。如美國前總統克林頓與白宮實習生萊溫斯基的性醜聞，如果發生在普通人身上不過小菜一碟，純屬你情我願，外人誰也沒有權利橫加指責。但總統不行，不僅被媒體曝光示眾，還被檢察官窮追猛打，連總統寶座也差點被掀翻。這裡特別值得一提的是他們的輿論監督，克林頓的「拉鍊門」首先就是由新聞媒體抖落出來的。反觀我們這邊的新聞界，就只會放放「馬後炮」。多年以來，沒有任何一名貪官與情婦們的風流韻事是在出事以前就被披露的。

在我們這裡官員們的拈花惹草往往被視為「生活小節」，但養情婦別說幾十上百個，就是養一個也不是官員正常工薪所能承受的，這樣的「小節」幾乎百分之百連著腐敗。

其實我們黨對這個問題是有充分認識的，近年來對黨員幹部的各種教育活動接連不斷，其中有很多內容都是針對幹部的「小節」問題的，稍微有一點級別的官員都要搞人人過關，如果把他們歷次活動期間所寫的各種「廉潔自律承諾書」裝訂成冊，恐怕每個人都已經「著作等身」了。

可是他們的信誓旦旦有用嗎？

或許那些在教育活動中話講得最漂亮的，偏偏就是超級大貪官呢。要解決官員的腐敗問題，最根本的還是要給他們足夠剛性的監督與約束。就如同要讓一個老酒鬼不喝酒，不能只聽他自己的賭咒發誓，最有效的辦法還是管住他的酒瓶子。

原文：好賄

黔中仕於齊，以好賄黜而困，謂豢龍先生曰：「小人今而痛懲於賄矣，惟先生憐而進之。」又黜。豢龍先生曰：「昔者，玄石好酒，為酒困，五臟薰灼，肌骨蒸煮如裂，百藥不能救，三日而後釋，謂其人曰：『吾今而後知酒可以喪人也，吾不敢復飲矣。』居不能閱月，同飲至，曰試嘗之。始而三爵止，明日而五之，又明日十之，又明日而大爵，忘其欲死矣。故貓不能無食魚，雞不能無食蟲，犬不能無食臭，性之所耽，不能絕也。」

百年祖屋是怎樣倒掉的？

寓言：賄賂失人心

北郭先生辭世了，家中的下人們爭權奪利。房屋壞了，也沒人修理。眼看要塌了，管家才召集工匠商量修房的事。工匠們請求先發點糧食再幹活，管家說：「現在沒空給你們發糧食，你們先湊合著吃自己的糧食吧。」

幹了一段時間，工匠們都抱怨家中無糧要挨餓了，監工的僕人不願替他們去稟告，反而向他們索取賄賂。大家都不給，監工就一直不向主人家反映。工匠們又疲憊又氣憤，便開始消極怠工，手裡拿著斧鑿，光坐著不幹活。

正逢陰天，接連幾天下起大雨，走廊上的柱子折斷了，兩側的廂房倒塌下來。眼看著就要危及到正房，管家這才著急起來，又是發糧食，又是給他們做好吃的，央求他們快點幹活，對他們說：「你們要什麼都會給你們的，決不吝惜。」

工匠們到了工地，看那房屋快要倒塌了，便都推辭起來。

第一個工匠說：「前些日子我家裡缺糧，求你們先給點糧食都不給，現在我能吃飽了。」

第二個工匠說：「你們家的飯菜放久了，都已經變味，不能吃了。」

第三個工匠說：「你們家房子的木料都朽爛了，沒法子修了，我有勁也沒地方使啊。」

工匠們爭相離去了，北郭家的房屋因無人願意修理，終於全部倒塌了。

郁離子說：「北郭家的祖先，因重信義而得人心，以致富甲天下。可是，到了他的後代，竟然連一處祖屋都保不住，相差有多麼遠啊！究其原因，是因為家政無人操持，大權旁落惡奴手中，公開索賄受賄，敗壞家族聲譽，徹底失去人心，這就是北郭家的不幸啊。」

（見《郁離子・千里馬第一・賄賂失人心》）

心得

如果官員們一個個都如北郭家的奴僕貪婪成性，營私舞弊，國家這座大屋也同樣遲早都要倒掉的。

《郁離子》大約作於一三五九年劉伯溫辭官歸隱青田山中之際，此時的劉伯溫已經對元王朝徹底失去了信心。在他眼裡，元朝社會就如北郭家的那座老房子，大樑柱子都朽爛了，倒塌只是時間問題。他分析北郭家倒掉的原因，說他們家裡的奴僕們爭權奪利，賄賂公行，以致大失人心，實際上說的不就是元王朝官員們的斑斑劣跡嗎？

國家這個大家庭裡的「奴僕」就是大大小小食俸祿的各級官員。俄羅斯前總統普京說當官就不能發財，如果各級官員都能謹守公務人員的道德底線，廉潔奉公，國家這座大屋就根基牢固，屹立不倒。相反，如果官員們一個個都如北郭家的奴僕貪婪成性，營私舞弊，國家這座大屋也同樣遲早都要倒掉的。

從中國大陸近年來權威機構所做的歷次民意調查來看，官員的腐敗問題都是人民群眾最關注的社會現象之一，說明在中國大陸當前官員的貪腐問題還是相當嚴重的。現實生活中隨處可見像北郭家的奴才那樣的「公僕」。他們一個個擁權自肥，貪污受賄幾十萬的已經是小蝦米，幾百上千萬的屢見不鮮，甚至上億的也不稀奇了。他們整日裡花天酒地，一擲千金，酒成癮，賭成性，嫖娼養情人包二奶，大面積的腐敗與墮落，幾乎讓人窒息與絕望。坊間曾經流行一個段子，說是對於腐敗官員「挨個槍斃肯定有冤枉的，隔個槍斃肯定有漏網的」，這當然言過其實了，但卻真實折射出當前腐敗的普遍性，也反映出民眾對官員的嚴重不信任。所謂官正則民安，如今官不正民不安，長此以往，國家豈不很危險很可怕嗎？

從確保共和國這座大屋的根基永固出發，一個嚴肅而緊迫的問題是，如何給官員的貪婪之心套上籠子，讓他想貪而不能貪、不敢貪、貪不了。

上一節我們講到解決官員的腐敗問題，僅僅依靠官員個人的道德自律是不行的，還必須有充分嚴格的「他律」。而國外成熟的法治國家構建公務員廉潔制度的基礎就是對個人道德自律的不信任。他們認為行政權力是一隻兇惡的猛獸必須把牠「關進籠子」，牠才不會作惡。美國前總統小布希在任時政績糟糕，算得上是美國史上最差的總統之一，但他任內有一段經典的演講，常常被人們認為是對民主監督的最好詮釋，他是這樣說的：「人類千萬年的歷史，最為珍貴的不是令人炫目的科技，不是浩瀚的大師們的經典著作，不是政客們天花亂墜的演講，而是實現了對統治者的馴服，實現了把他們關在籠子裡的夢想。因為只有馴服了他們，把他們關起來，才不會害人。我現在就是站在籠子裡向你們講話。」

布希所說的籠子指的就是被長期實踐所證明行之有效的一系列科學合理的預防、懲治腐敗的制度設計，大到財產申報制度、新聞監督制度、證人保護制度等等，小到公務接待的細化標準，羅織了一張無處不在的監督之網，使官員好像生活在一個個無形的監控探頭底下，幾乎找不到任何貪腐的機會與空間。擔任公職者只要稍稍觸碰紅線，就要付出沉重的代價。有一個著名的例子，芬蘭中央銀行的行長，因為公款招待客人時多點了一道價值二十歐元的鵝肝，超出了規定的公務接待標準，經媒體曝光後，行長被迫辭職。區區二十歐元，就涉嫌「貪腐」，一個部長級高官就要下臺。正是這種制度規定上的高標準和制度執行上的零容忍，才使芬蘭成為了全世界最廉潔的國家之一。相比之下，我們國家在管官員們那張嘴上面，多年以來從中央到地方，不知道下過多少文件，發過多少通知，可是吃喝風不但沒見消停，反而越刮越大，據說每年都要吃掉好幾艘航空母艦的。不說部長級的高官了，就是鄉鎮小嘍羅，吃盤鵝肝算什麼，吃頭牛也不礙事啊。比起嚴重的貪污賄賂，吃點喝點在我們這兒都不算什麼事了，官場積弊之深、風氣之壞由此可見一斑。

「他山之石，可以攻玉」。在預防、懲治腐敗方面，我以為多多奉行一點「拿來主義」，從芬蘭等發達國家搬幾塊現成的「石頭」，不算什麼丟臉的事。只有把那些「公僕們」一個個都關進制度的「籠子」，共和國這座大屋才能屹立不倒，才能永久地為普通百姓遮風擋雨。

原文：賄賂失人心

北郭氏之老卒，僮僕爭政，室壞不修且壓，乃召工謀之。請粟，曰：「未閑，女姑自食。」役人告饑，蒞事者弗白而求賄，弗與，卒不白。於是眾工皆憊恚，執斧鑿而坐。會天大雨霖，步廊之柱折，兩廡既圮，次及於其堂，乃用其人之言，出粟具饔餼以集工曰：「惟所欲而與，弗靳。」工人至，視其室不可支，則皆辭。其一曰：「向也吾饑，請粟而弗得，今吾飽矣。」其二曰：「子之饔饁矣，弗可食矣。」其三曰：「子之室腐矣，吾無所用其力矣。」則相率而逝，室遂不葺以圮。

郁離子曰：「北郭氏之先，以信義得人力，致富甲天下。至其後世，一室不保，何其忽也！家政不修，權歸下隸，賄賂公行，以失人心，非不幸矣。」

兒子死了，父親為什麼不掉一滴眼淚？

寓言：拚命吃河豚

司城子手下一個馬官的兒子，吃河豚中毒死了，可是馬官卻沒有哭。

司城子問馬官：「你跟你兒子感情不好嗎？」

馬官說：「怎麼會不好呢？」

司城子說：「那你兒子死了，你卻不哭，這是為什麼呢？」

馬官回答道：「我聽說人的死生是天註定的，知道天命的人不會隨便去死。河豚是有毒的魚，人吃了牠就會死，這個道理沒有人不明白啊。如果誰偏偏一定要吃牠而送了命，這是為了口腹之樂而輕視自己的生命，這不是身為人子者應該做的事。所以我不哭他。」

司城子滿臉傷心地歎息道：「好貪錢財給自己帶來的災難不就像吃河豚一樣嗎？當今那些奸滑輕薄的人無非是一些只看重口腹之樂的傢伙罷了，但他們不知道馬官都不把這樣的兒子當兒子看待啊！」

（見《郁離子・牧豭第十二・食鯸鮐》）

心得

明知沒有好結果卻偏偏執迷不悟，那些貪賄之人與這位拚命吃河豚的馬官之子犯的是一樣的錯誤。為官之人廉潔自重、乾淨幹事不僅僅是黨紀國法的要求，也是為人子女者應盡的孝道之一。

這是個沉痛的故事。

天下有不孝之子，但天下無不愛子女的父母。可以想見馬官死了兒子，心裡一定非常難過。

但是他不為兒子掉眼淚。在他看來，兒子已是成年人，明知貪吃河豚有喪命之虞，而執意要吃，不考慮自己一旦死去，年邁的父母會失去依靠，會沒人養老送終，說明兒子心裡根本沒有父母。

馬官賭氣，既然你心裡沒我，我為什麼要哭你呢？

雖然他不哭，但他回答司城子的那段話又是多麼的淒涼，他恨兒子愚蠢，恨兒子僅僅為了滿足口腹之樂就輕易地斷送了性命，恨兒子不思量這樣草率魯莽的行為會給父母帶來怎樣的傷痛。

我們知道劉伯溫寫作《郁離子》目的是要弘揚「孔孟之道」。孔子是信天命的，他認為人的禍福生死都取決於天的意志，所以孔子特別討厭那種「逆天命而行」的人。孔子曾經說過：「暴虎馮河，死而無悔者，吾不與也。」（《論語・述而》）意思是：「那種空手搏虎，赤足過河，即使死了都不知道悔悟的人，我是不喜歡和他共事的。」劉伯溫筆下的馬官之子，就是這種「暴虎馮河，死而無悔者」。儒家主張大丈夫處世不是不可以死，但要死得有尊嚴有價值，所謂「孔曰成仁，孟曰取義」，孔子說：「志士仁人，無求生以害仁，有殺身以成仁。」（《論語・衛靈公》）孟子說：「生亦我所欲也，義亦我所欲也，二者不可得兼，捨生而取義也。」（《孟子・告子上》）儒家的聖人認為值得我們犧牲生命去換取的事物只有「仁義」兩字，而馬官之子只為貪圖口腹之樂就輕易地斷送了性命，顯然有違「天命」，死得毫無價值。

關於個人的生命價值，建國後較長一段時間裡我們一直在宣導與奉行一種反智的偽英雄主義。有一名小學生放學回家，看到村裡的老地主在偷生產隊的辣椒，就上去與他展開英勇的搏鬥，最終光榮犧牲；一名下鄉插隊的知識青年，為搶救集體的一根木材，毫不猶豫地跳進洪流，結果被洪水無情地吞噬了。這兩位英雄一個叫劉文學，一個叫金訓華，他們的事蹟當年曾經傳遍祖國各地，感動了無數的人。但在今天看來，他們的死又是多麼的可惜、可憐，一籃辣椒，一根木材，價值幾許？而一條鮮活的生命又價值幾許？好在歷經撥亂反正，今天這種視個人生命如草芥的價值觀終於從我們的生活裡漸漸淡出了，個體生命的價值與尊嚴日益得到認同。

珍重生命、不做無謂的犧牲是順天命而行事，劉伯溫以為這是聖人之意，也是劉伯溫這則寓言要表達的第一層意思。

劉伯溫透過這則寓言要表達的另外一層意思，很明顯，是要宣揚儒家的核心理念——孝。

我覺得孝是儒家學說最有價值、最溫情的部分。子曰：「父母在，不遠遊，遊必有方。」（《論語・里仁》）孔子的意思是父母在世，為子女者最重要的事就是侍奉好老人，連出門闖蕩都不應該。《孝經》裡說「身體髮膚受之父母」，不可輕易毀傷。別說自殺，就是隨意地割頭髮理鬍子，都算是不孝。

而這位馬官之子僅僅因為貪圖河豚的鮮美，明知有毒，也要拚命吃河豚，結果輕易地送了命。劉伯溫認為像他那樣鹵莽輕率地對待生命，不僅是對生命的大不敬，更是為人子的大不孝。

劉伯溫以司城子之口說出了這則寓言的深意，「好賄之毒其猶食鯸鮐乎？」，意思是那些貪賄之人與這位拚命吃河豚的馬官之子犯的是一樣的錯誤，其結果也是一樣的淒慘，不僅危害了自己的身家性命，也讓父母親人失去了依靠。

今天那些明知貪污受賄要受法律嚴懲而執迷不悟的貪官們，他們在笑納一筆筆不義之財時，有沒有想過一旦東窗事發自己的父母、家人怎麼辦呢？

父母歷經千辛萬苦，把兒女拉扯長大，培養他們學有所成，用熱望、關切的眼光注視著他們一點一滴的成熟進步，直至成為一名領導幹部。而他們自己漸漸地年華老去，眼花了，耳背了，腿腳不靈便了，心靈寂寞了，對兒女的依賴也越來越強了。不僅僅是身體上需要兒女們的照顧，兒女們更成為他們精神上的支柱與慰藉。

這時候正是兒女們盡孝道的時間，應該常回家看看，多為父母做點事，用實際行動表達對他們的愛和感激。

臺灣女作家龍應台曾經在《目送》一書裡不無傷感地寫道：「我慢慢地、慢慢地瞭解到，所謂父女母子一場，只不過意味著，你和他的緣分就是今生今世不斷地在目送他的背影漸行漸遠。」是啊，上天留給我們盡孝道的時間只會越來越少，世上有多少人為「子欲孝而親不在」抱憾終生啊！

如果你不加珍惜，如果你僅僅因為對身外之物的貪得無饜就把自己送進了監獄，那麼你不僅僅失去了為父母盡孝的機會，也將徹底摧毀父母心中因你而建立的那份自豪與驕傲。

試想一下，當你在鐵窗裡蹉跎歲月時，你的父母卻在對你的無限思念、牽掛和擔憂中一天天衰老，那是一種怎樣的絕望與悽愴啊。

所以，劉伯溫的這則寓言告訴了我們一個深刻的道理：為官之人廉潔自重、乾淨幹事不僅僅是黨紀國法的要求，也是為人子女者應盡的孝道之一。

原文：食鯸鮐

司城子之圉人之子，食鯸鮐而死，弗哭。司城子問之曰：「父與子有愛乎？」曰：「何為其無愛也？」司城子曰：「然則爾之子死而弗哭，何也？」對曰：「臣聞之，死生有命，知命者不苟死。鯸鮐，毒魚也，食之者死，夫人莫不知也，而必食以死，是為口腹而輕其生，非人子也。是以弗哭。」

司城子愀然歎曰：「好賄之毒其猶食鯸鮐乎？今之役役者無非口腹之徒也，而不知圉人之弗子也，甚矣！」

一枚硬幣的正面是貪婪，反面一定是吝嗇

寓言：濟陰鉅賈

濟陰有一位鉅賈，渡河時船翻了，他抓住漂在水上的浮草，拚命呼救。有一個漁夫駕著小船去救他，商人嫌他船速慢，急忙大喊：

「我是濟上的大財主，你若救了我，我給你一百兩銀子。」

漁夫把他救上船，載到了岸上，商人卻只給了十兩銀子。漁夫說：「剛才你答應給我一百兩的，現在怎麼只給十兩啊？這不是不講信用嗎！」

商人勃然大怒道：「你是個打魚的，一天能有多少收入啊？現在一下子就得了十兩銀子，你還不滿足嗎？」

漁夫失望地走了。

後來，這位商人乘船順呂梁河而下，船觸礁沉沒。說也湊巧，那個漁夫的船正好停在事故水域。有人問漁夫：「你怎麼不去救他呢？」漁夫說：「這就是以前那個答應給我一百兩銀子又反悔的人。」

漁夫撐船上岸，遠遠地看著商人在水中掙扎，很快就被河水吞沒了。

（見《郁離子・靈丘丈人第四・賈人》）

心得

貪婪盤踞於心靈，人的心態就會失衡，分析事物的能力就會下降，做出的自以為聰明的抉擇，往往是愚蠢而錯誤的。

這則寓言的後面本來還有一段「郁離子曰」的，我沒有翻譯。劉伯溫藉郁離子之口指出商人都是重利輕生的，又引用孟子的話「術不可不慎也」，來告誡人們最好不要從事商人這個職業。反映了劉伯溫作為傳統儒家的「重農抑商」的政治主張，這在今天看來當然是可笑而不可取的。

但是這則寓言寫得特別生動，人物的心理變化描寫得惟妙惟肖。

商人在面臨滅頂之災時，他的第一反應就是用錢去買人來救。事實上漁夫已經撐船過來救他了，即使他不許百金，漁夫也會救他的。但商人的邏輯是那條船遲遲不到，一定是想要錢，所以不等他開口，就高喊我給你錢。以為人人都是重利輕義的，這是商人犯的第一個錯誤，本來他可以一兩銀子都不出的。

等上了岸，生命的威脅一解除，商人的理性又恢復了。他開始後悔慌亂之時許的願太大了。他的算計已經不是自己的命與所許金錢的比較，而是自己給的錢相當於漁夫多少時間的勞動，結論是給他十兩銀子就夠了。言而無信，諾而不踐，商人在第一個錯誤之上，又犯了第二個錯誤。

他絕對想不到自己的錯上加錯竟埋下了送命的禍根。

劉伯溫為商人安排的因果報應式的戲劇性結局，只是要勸告世人要誠實守信，一諾千金。

然而，這則寓言給予我們的啟示並不僅僅止於此。

吝嗇是貪婪的孿生兄弟。商人違背諾言，只願給漁夫十兩銀子，說明他是個吝嗇的人，似乎不能證明他是個貪婪的人。吝嗇是指惜財，不願意使用已經佔有的錢財；貪婪則是對未來的錢財利祿的強烈佔有欲。兩者看似是相反方向的性格取向，實際上不過是一枚硬幣的正反面而已。世上的貪婪之人，在使用錢財上一定是吝嗇的；世上的吝嗇之人，在攥取錢財上一定是貪婪的。貪官胡長清坐擁數百萬錢財，但他每年寄給住在鄉下的老母親的錢只有幾百塊。臺灣的扁嫂吳淑珍斂財數十億新臺幣，但她連給小孫子買尿布的錢都要拿到「總統府」去報銷。

正確的判斷與抉擇來自於不貪的心態。寓言裡那位濟陰鉅賈悲劇性結局的禍根，在於他前一次落水時的錯誤抉擇。貪婪盤踞於心靈，人的心態就會失衡，分析事物的能力就會下降，做出的自以為聰明的抉擇，往往是愚蠢而錯誤的。

這裡講一個我從《雜文報》上看來的小故事。

雲南的翡翠玉是包裹在石頭裡的，一塊石頭可能價值連城，也可能一文不值。有很多商人就到雲南賭石頭。買中了就一夜暴富，買不中就傾家蕩產。有一批專門看石頭的人就為這些商人們服務，幫他們看石頭。其中一位姓許的師傅看石頭特別準，但奇怪的是收費卻特別低，就是切開來價值千萬，他也只收五千元的看石費，當然看走眼了，不管主顧虧了多少，他最多也只賠五千元。

許師傅看玉的名聲大了，有人就想出鉅資買他的秘訣，可他不賣。幾個漢子就起了歹念，把他給綁架了，逼他交出秘訣來。

沒法子，許師傅就說出了自己家傳的秘訣。

他說：我家看玉的秘訣傳了三代，其實只傳了一個心態。看玉的經驗技巧大家都是差不多的，只是我們許家為人看玉，從不貪心，手續費收得最低，這樣心態才能平靜，心態平靜了，才能不影響眼力。我家看石，之所以準，再無別的秘訣，只是憑著不貪的心念。而其他看玉人卻做不到，見到一塊玉，馬上就起了貪念，一個貪字，心便先散亂了，散亂了的心，自然就被迷惑，一顆已經被迷惑了的心，還怎麼能看透本來就看不清楚的石頭呢？所以我們家看玉的秘訣，只有一條就是一個不貪的心態。你們現在綁了我，說明你們貪念太重，哪裡能學得好看玉啊？

漢子們聽了只好放了許師傅。

是啊，濟陰的那位大財主死於非命，不就是死在一個貪的心態上嗎？

原文：賈人

濟陰之賈人，渡河而亡其舟，棲於浮苴之上，號焉。有漁者以舟往救之，未至，賈人急號曰：「我濟上之巨室也，能救我，予爾百金。」漁者載而升諸陸，則予十金。漁者曰：「向許百金，而今予十金，無乃不可乎！」賈人勃然作色曰：「若漁者也，一日之獲幾何，而驟得十金猶為不足乎？」漁者黯然而退。他日，賈人浮呂梁而下，舟薄於石，又覆，而漁者在焉。人曰：『盍救諸？』漁者曰：「是許金而不酬者也。」艤而觀之，遂沒。

郁離子曰：「或稱賈人重財輕命，始吾或不信，而今知有之矣。張子房謂漢王曰：『秦將賈人子，可啖也。』抑所謂習與性成者與！此陶朱公之長子所以死其弟也。孟子曰：『故術不可不慎也。』信哉！」

貪官是怎樣煉成的？

寓言：芮伯獻馬

周厲王派芮伯統帥軍隊討伐西戎，芮伯從西戎人那兒得到了一匹非常好的駿馬，想把牠獻給周厲王。

芮伯的弟弟勸他說：「你趁早打消這個主意吧。咱們的大王貪得無饜，而且又喜歡聽信讒言。現在你班師歸來向大王獻上一匹駿馬，大王身邊的小人必定認為你得到了不止一匹好馬，就都來向你索求。你沒有東西應酬，他們就會在大王面前說盡你的壞話，大王又必定會輕信他們的話。你這樣做不是自找倒楣嗎？」

但芮伯沒有把弟弟的話放在心上，最終還是把馬獻給了周厲王。厲王的寵臣榮夷公聽說芮伯得了良馬，果然派人來向芮伯索要，芮伯無馬可送，榮夷公便在厲王面前誣陷芮伯，說：「芮伯這一回得了很多財寶，自己偷偷藏起來，沒有獻給大王。」周厲王大怒，就將芮伯流放到偏遠之地。

後世的有識之士談到這件事時都說芮伯也有過錯。明明知道厲王貪得無饜，卻獻馬給他，誘發他的貪欲，這就是芮伯的過錯啊。

（見《郁離子．千里馬第一．獻馬》）

心得

在下位者日甚一日的奉獻餵大了在上位者的貪婪之心。說得更通俗些就是，受賄者的胃口是在行賄者的不斷刺激下才變得越來越大的。

芮伯真是個倒楣蛋，本來獻馬是為了博取國王的歡心，沒想到弄巧成拙，引起了國王的猜忌，給自己帶來了一場無妄之災。

但追根究底，害了芮伯的還是他內心的貪婪。他不顧弟弟的勸告執意獻馬，不就是想取悅厲王，為自己謀求升遷的機會嗎？結果事與願違，也算是咎由自取吧。

周厲王得到了芮伯獻上的駿馬，本來挺高興的；但當他聽說芮伯還有更多的財寶沒有向自己進貢時，立即大怒，就把芮伯給流放了。厲王的貪婪之心猶如一處水潭，臣下源源不斷的進貢就像那一條條河流，河流日益沖刷著那水潭，一泓清水終有一天會變成貪婪的深淵。

宋以後的儒家學者往往喜歡把君王的過錯歸咎於臣僚的身上，在這則寓言的結尾處，劉伯溫就認為芮伯獻馬誘發了君王的貪心，「此芮伯之罪也」，這樣的推理顯然有點牽強，也不公平。

但是如果我們能從一般意義上去認識劉伯溫的觀點，我們就會發現劉伯溫透過這則寓言告訴了我們一個深刻的道理：正是在下位者日甚一日的奉獻，餵大了在上位者的貪婪之心。說得更通俗些就是，受賄者的胃口是在行賄者的不斷刺激下才變得越來越大的。

今日中國官場上這樣的例子可謂不勝枚舉。

多少曾經兩袖清風的官員，在行賄人和風細雨般的薰陶下，從一件小禮物開始，慢慢地由小而大，從煙酒、服裝到名錶、現金、女人、房子，膽子一日大過一日，胃口一日好過一日，終於被培養成了一名萬劫不復的大貪官。

從人類心理蛻變的一般規律看，貪官第一次收人五萬元錢可能會心有不安，第二次再收五萬元就沒感覺了，以後收十萬元數十萬甚至可能更多也會心安理得。如果這時候有人找他辦事，還只給他送了五萬元，他甚至會感到對方簡直是在污辱自己了。到了這個階段，他就基本上陷入了瘋狂的斂財狀態，眼裡只有錢，以權謀財，權助財源，什麼禮義廉恥，什麼黨紀國法都拋到了九霄雲外。當然，送錢的一方也不是傻子，他送出的每一分錢都是要有回報的。有人說在中國做生意，關鍵看你有沒有能力把錢送出去，送出去的錢越多，生意就越大，得到的利潤就越多。原因在於，送出去的錢可以買得到官員簽下的幾個字，而這幾個字往往就抵得上你拼死拼活一輩子。

商人藉助官員的「魔指」迅速變大財富，官員利用商人的財富和背後龐大的人脈關係謀取政治上更大的上升空間，送錢的與收錢的就這樣形成了利益共同體。他們互相依賴，互取所需，共同「進步」，兩顆貪婪的心猶如滾雪球般越滾越大，最終一起滾進了沉淪的深淵。

許多貪官在出事之後，往往會抱怨在自己「小搞搞」的時候，沒有受到有力的監督。甘肅省廳級官員李人志是個貪污受賄上千萬元的大貪官，落馬後他在懺悔錄裡說：「我也曾經有過美好向上的追求，也想做一個純潔高尚的人，沒想到如今卻淪為一名罪孽深重的階下囚。如果紀委、檢察院能夠定期不定期地對領導幹部尤其是一把手進行預防腐敗、廉政警示談話，我就可能不會犯罪，即使犯罪也會有所收斂，不會發展到今天這種嚴重的程度。」

類似這樣「悔不當初」的感慨，「渴望監督」的馬後炮，幾乎每個貪官東窗事發後都要說上幾句的，雖然多少有些博取公眾同情的成分，但也未必不是他的真實心聲。試想一名領導幹部墮落成貪官，從「衙門」的「座上客」淪為「階下囚」，從整日前呼後擁的紅人淪為身陷囹圄的犯人，此等人生角色的劇變，落差之大，情何以堪！這時候，他反思自己的人生悲劇，他當然會想如果自己的貪婪之心剛剛打開時，就有強大的監督制止自己那該有多好啊。可見，加強對權力的監督不僅利國利民，對於手握權力者本身更是一種安全保護。

原文：獻馬

周厲王使芮伯帥師伐戎，得良馬焉，將以獻於王。芮季曰：「不如捐之。王欲無饜，而多信人之言。今以師歸而獻馬焉，王之左右必以子獲為不止一馬，而皆求於子。子無以應之，則將嘵於王，王必信之。是賈禍也。」弗聽，卒獻之。榮夷公果使有求焉，弗得，遂譖諸王曰：「伯也隱。」王怒逐芮伯。君子謂芮伯亦有罪焉爾。知王之瀆貨而啟之，芮伯之罪也。

上哪去找當年的那碗豆葉湯呢？

寓言：情隨境遷

鄭子叔躲避戰亂逃到鄉下郊野，餓極了，有農夫好心，拿豆葉湯給他吃，他覺得又香又甜。戰亂結束，他回到家裡，非常想念豆葉湯的味道，便採了豆葉做湯吃，卻再也感覺不到味道甜美了。

郁離子對此評論說：「難道是豆葉的味道變了嗎？不是的，這只不過是人的心境不同了而已。所以有的人發財了，就遺棄妻子，有的人升官了，就不認親屬朋友，都是由於境遇不同，人的心境起了變化的緣故啊。從前楚昭王出逃時丟失了鞋子，回來後派人拿著一百兩銀子去尋找鞋子。他說：『我不能忘了牠在患難中相隨過我。』所以論功時，有論不到的也都不怨恨，不是他使了什麼權謀，而是他的那份真誠感動了大家。」

（見《郁離子・羹藿第十七・羹藿》）

心得

曾經的過往永遠靜止在那裡。只有經常的回望與懷念，我們才能發現在過往的一個個看似平淡的日子裡，我們曾經擁有過多少溫暖與感動的瞬間，在我們的生命裡，又曾經來過多少值得紀念與感恩的人。

鄭子叔逃難回來後，再喝豆葉湯，卻怎麼也找不回當初的那份香甜，這很正常，因為人在饑渴難耐之時吃什麼都特別香。

鄭子叔重新富貴之後，還常常想念豆葉湯的味道，說明他是個念舊的人，但他想念的不應該只有豆葉湯的香甜，需要常記在心的應該是那位好心農夫的恩情。

劉伯溫寫這則寓言表達了一個樸素而溫暖的主題——毋相忘。

劉伯溫讚賞楚昭王不忘記患難之時伴隨自己的一隻鞋子，就是讚賞那一種懷舊的情愫，讚賞時時回望的謙卑之心，讚賞不離不棄的那一份堅守。

「苟富貴，毋相忘」，大家都知道這句話出自陳涉還在做農夫時與窮夥伴們的約定，但「共患難易，同富貴難」可以說是人性的弱點，陳涉自己封王後就沒做到「毋相忘」。

富者遺其妻，貴者棄其友，劉伯溫分析這種情況的原因是「情隨境遷」，即隨著境遇的改變，人的思想感情也會發生相應的變化。那些背妻棄子的人，就是因為一旦富貴了，他眼裡看到的就只有糟糠之妻的黃臉，而忘卻了曾經同患難的深情；心裡頭只充滿著對新人妖嬈性感的貪婪追逐，而忘卻了舊人辛酸傷感的眼淚。

孟子說：「大人者，不失其赤子之心者也。」（《孟子・離婁下》）赤子之心，就是指嬰兒一樣純潔無瑕的心。孟子認為偉大正直的人物不管經歷了多少人生變故，都依然像小孩一樣簡單快樂。一個人小的時候，無憂無慮，一派天真，是人生最美好的時光。因為童年時遇事不去多想，容易滿足，一個小玩具，一塊糖，都能讓他快樂好一陣子。小孩子的眼睛最清澈，好的就是好的，壞的就是壞的，他們還沒有學會貪婪與算計。

可是隨著人一天天地長大，欲望越來越多，等閒的小快樂再也不能滿足他們，成人的日子裡日益充斥著貪婪的算計，他們的眼睛永遠只盯著前面沒有得到的，無暇回首過去曾經得到的。

米蘭・昆德拉小說《慢》中的最後一句是：馬車消失在晨霧中，我啟動了汽車。現代社會裡，我們都在不知不覺間被捲進了越轉越快的生存軌道，人人都身不由己。我們一天到晚行色匆匆，只顧著埋頭向前趕路，沒有片刻閒暇駐足回望來時路上的旖旎風景。

臺灣導演候孝賢說：「最好的時光，不是因為最好所以我們眷念不已，而是倒過來，是因為永遠失落了，我們只能用懷念召喚它們，所以才成為最好。」

曾經的過往永遠靜止在那裡，只有經常的回望與懷念，才能讓它鮮活起來。兒時故鄉的小河，夏日裡和小夥伴們一起摸魚嬉戲，那一個個光屁股的「黑泥鰍」，你是否還能叫得出他們的名字？情竇初開的校園裡，空氣中彌漫著花粉與青草的氣息，你是否還記得心中暗戀的人兒曾經給過你的溫柔一瞥？還有那個風雨交加的夜晚，在空無一人的宿舍樓裡，你是否還記得是誰帶著酒菜來陪你一醉方休？

在浮躁與喧嘩的生活裡，如果我們能夠刻意地找一處寧靜之地，細細地去回望品味，我們就會發現在過往的一個個看似平淡的日子裡我們曾經擁有過那麼多溫暖與感動的瞬間，在我們的生命裡曾經來過那麼多值得紀念與感恩的人。

這時候，我們才會感悟到，哦，原來我們曾經擁有過那麼多實實在在的幸福啊！

心裡的幸福感多了，慾望就降低，貪婪所占的空間就會漸漸縮小。

文學有閒筆，國畫有留白，閒筆不閒，留白不白，缺少了它們，難見智慧和美麗。

生活也需要留白，不能把自己設置成只有睡覺與忙碌兩種時間的計時器，機器產生不了詩意。

留一點空白讓心靈透透氣，留一點空白給回望與追憶，留一點空白來咀嚼與回味，或許你就能聞得到，你的四周依然彌漫著當年那碗豆葉湯的香氣。

原文：羹藿

鄭子叔逃寇於野，野人羹藿以食之，甘。歸而思焉。採而茹之，弗甘矣。郁離子曰：「是豈藿之味異乎？人情而已。故有富而棄其妻，貴而遺其族者，由遇而殊之也。昔楚昭王出奔而亡其屨，使人求之以百金，曰：『吾不忘其相從於患難之中也』。故論功而未及者皆不怨，非術也，誠之感也。」

你知道怎麼往回跑嗎？

寓言：人不如麝

東南地區的名貴特產，以荊山出產的麝香最知名。荊山的獵人追捕麝，麝被追急了，就從臍部扯下麝香，扔到草叢裡，獵人跑去尋找麝香，麝得以逃生。

楚國的賢相子文先生聽到這件事大發感慨，說：「這只是一隻動物啊，我看有的人還不如牠機智呢。有的人貪圖錢財，不止丟了自己的性命，還牽連到他的家人，為什麼他們的智慧連麝都不如呢？」

（見《郁離子・玄豹第三・賄亡》）

心得

人活著固然要努力奮鬥往前走，但也要知道什麼時候該「往回跑」。不然，慾望發展至貪婪成性，人就會在慾望中迷失，一步一步走向沉淪。

麝是一種樣子像小鹿的動物，雄麝的肚臍部位可以分泌出名貴藥材麝香，獵人喜歡獵取麝，主要是看中了牠身上的麝香。麝的聰明就在於懂得投人所好，在性命悠關的時刻，果斷放棄身外之物，保全了性命。

劉伯溫感歎人不如麝，即認為人往往為貪婪所俘，只知佔有，不知捨棄，在生命與錢財之間，捨生而取財，只能落得一個人財兩空的悲慘結局。

人都有七情六慾，誰都想發財改善生活，這是合乎情理的。就今天的社會現實來看，有人說「金錢不是萬能的，但沒錢是萬萬不能的」，話雖有些偏頗，但還是很有幾分道理的。市場經濟條件下，柴米油鹽衣食住行，子女要教育、老人要贍養，還有房子、車子要解決，哪樣不需要錢。所以說人對金錢財富的慾望是無可厚非的。從人類發展歷程看，也正是這種人人為欲望孜孜不倦的努力奮鬥，才以百川歸海的合力，客觀上推動了人類社會的進步與發展。

問題在於人的欲望是應該有所節制的，可惜這一點人們往往做不到。剛開上桑塔納就想著開奧迪，開上奧迪又想開賓士，開上了賓士還想開飛機，人們對財富的追逐就像踏車上的白鼠，不停地快跑，為的是跑得更快，一直跑到死才算完。西方有哲人說過：「貪婪破壞人類心靈的純潔。因為不幸的是，你獲得愈多，就愈貪婪。」正如劉伯溫所譏諷的那樣，人們不懂得滿足，不知道捨棄，最終讓自己陷入貪得無饜慾壑難填的深淵。

俄國文學大師托爾斯泰曾經寫過這樣一個小故事：

有一個農夫，每天早出晚歸地耕種一小片貧瘠的土地，累死累活，收效甚微，一位天使可憐農夫的境遇，就對農夫說，只要他能不停地跑一圈，他跑過的地方就全部歸其所有。

於是，農夫興奮地朝前跑去。跑累了，想停下來休息一會兒，然而一想到家裡的妻子兒女們都需要更多的土地來生活，又拚命地再往前跑……有人告訴他，你到了該往回跑的時候了，不然，你就完了。農夫根本聽不進去，他只想得到更多的土地，更多的金錢，更多的享受。結果當然很悲哀，他終因心衰力竭，倒地而亡。

貪婪使人一無所有。土地沒有了，生命沒有了，一切都沒有了。

故事發人深省。它告訴我們，人活著，固然要努力奮鬥往前走，但也要知道什麼時候該「往回跑」。不然，慾望發展至貪婪成性，人就會在慾望中沉淪，迷失方向，走向絕路。

今天許多身居高位的人物，擁有著比普通百姓好得多的物質條件，按說更應該懂得知足，懂得回報社會才對。可惜他們中的很多人就像這位農夫一樣獲得越多，越貪婪，甚至到了生命悠關的時候也不知道「往回跑」，他們的智慧比起劉伯溫筆下那隻靈性的麝真是差遠了。

我們講「劉伯溫說貪婪」這一章是從一隻狸貓的故事開始的，那隻青田山中的狸貓到死也不甘心放棄抓到手的雞，其情令人難忘。今天我們還是用一隻小動物的故事，來結束本章的內容。但這次說的是一隻充滿靈氣與智慧的可愛的小精靈——麝，讓我們都能從牠的身上學到人生的智慧，那就是——人要成為錢財的主人而不是奴隸。所謂「寒不改葉綠，暖不爭花紅，富不行無義，貧不起貪心」，讓我們常懷律已之心，常思貪婪之害，淡泊名利，知足常樂，做一個真正幸福的人。

原文：賄亡

東南之美，有荊山之麝臍焉。荊人有逐麝者，麝急，則抉其臍投諸莽，逐者趨焉，麝因得以逸。令尹子文聞之曰：「是獸也，而人有弗如之者，以賄亡其身以及其家，何其知之不如麝耶！」

Chapter 3

劉伯溫說人才之道

理想的時代應該是「把人才當人才用」的時代，
在那樣的時代，人才以實現自我價值為終極目標，
他們不需要以犧牲個人尊嚴為代價來換取施展才華的機會。
在實現人生價值的過程中，他們可以保持個體的獨立性，
他們不用奴顏卑膝做任何人的奴才。

劉伯溫自小受儒家傳統教育，素懷經國濟世之志。但仕元二十餘年，始終沉淪下僚，深刻的挫敗感讓他在年近五旬之際辭官歸隱，發憤而作《郁離子》。他在作品中對自己懷才不遇的遭際難免感慨系之，他悲歎自己就如「良桐」裡的那張名貴梧桐木做成的寶琴，始終找不到賞識的知音；他抱怨自己就如「千里馬」裡的那匹小駿馬，僅僅因為「產地」的原因就被朝廷無端的冷落在外。

除了對元朝人才制度的怨憤與抨擊，劉伯溫還在《郁離子》裡以寓言的形式，從多方面系統形象地闡述了自己舉賢任能的人才思想。比如在選拔人才上，他主張設立准入門檻，不可良莠不分，把貓頭鷹當鳳凰（見「養梟」篇）；在發現人才上，要突破思維定勢，放開眼界，廣求天下賢才，不可如「梁王嗜果，獨求於吳」（見「枸櫞」篇）；在使用人才上，要包容呵護，用人所長，不可求全責備，要懂得眉毛自有眉毛的用處（見「烏蜂」篇）；在對待人才上，要為人才的發揮提供好的條件，儘量滿足人才的合理需求（見「使貪」篇），等等。劉伯溫把人才問題看作是關乎國運興衰的大事，他的人才觀不僅在當時是超凡脫俗的，和今天所謂的現代人才管理理念相比，也有不少共通之處。讀之，在感歎先賢劉伯溫的睿智與偉大之餘，也給予我們許多有益的思考與啟發。

古琴是怎麼出土的？

寓言：良桐寶琴

製琴大師工之僑得到一株名貴的梧桐木，精雕細琢，做成了一把新琴，彈奏起來金聲玉應，天下沒有比它更美妙的音樂了。工之僑認為這是自己職業生涯的巔峰之作，就拿去獻給當時掌管國家禮樂的太常寺。太常寺的官員一看，說這琴不古，你拿回去吧。工之僑抱琴回家後，找到油漆工給琴漆上斷紋，又找了個篆工給刻上古代的款識，再埋進土裡。一年以後，工之僑挖出琴來，抱到市場上賣，有個財主花一百兩黃金買去了。他把琴獻給朝廷，太常寺的樂官們都過來看，紛紛讚歎這張琴真是稀世珍寶啊。

工之僑聽說了之後歎息道：「這世道真是可悲啊，難道只有這張琴有這樣的遭遇嗎？天下莫不如此啊，不早作打算還不跟著一起完蛋（不早圖之，其與亡矣）？」從此歸隱山林，人不知其所終。

（見《郁離子・千里馬第一・良桐》）

心得

人治的環境下，人才的尷尬在於他永遠是被動的，終其一生如這張良桐寶琴默默等待明主的青眼一瞥，等到的是極少數，大多數都只能籍籍無名，抱恨而逝。

劉伯溫筆下的這張「良桐寶琴」比喻的是天下的賢能之士，也就是今天我們所說的人才。

這篇寓言可以視作劉伯溫的「夫子自道」。劉伯溫自二十三歲中進士開始步入仕途，起起落落浮浮沉沉二十餘載，遊宦各地，因性情耿直孤傲，四處碰壁，只能當些「縣處級」的小官，始終不得升遷，這對於雄才大略志向高遠的劉伯溫當然是不可接受的，至四十八歲終於心灰意冷，憤而辭官，歸隱老家青田，著《郁離子》。劉伯溫透過工之僑的感歎說出了自己年近五旬毅然棄官歸里的原委：與其陪著腐敗透頂的元朝廷一起完蛋，不如回家種種地、寫寫書，貽養天年。

從劉伯溫的遭遇裡可以看到，人治的環境下，人才的尷尬在於他永遠是被動的，終其一生就如這張良桐寶琴默默等待明主的青眼一瞥，等到的是極少數，大多數都只能籍籍無名，抱恨而逝。即使是毛遂自薦，那也得有人願意聽，聽了也要懂得賞識，願意給你機會。

臺灣作家李敖有一個關於「兩蔣」的名論，他說：「蔣介石時代把奴才當人才用，蔣經國時代把人才當奴才用。」一句話就把兩蔣的成敗得失給蓋棺論定了。老蔣手握一把絕對的大牌，竟然把大陸給丟了，老蔣失敗就失敗在他用的盡是些奴才；小蔣勵精圖治，不只創造了亞洲四小龍之一的經濟奇蹟，還首開黨禁、報禁締造了臺灣的民主奇蹟，小蔣成功就成功在他用的都是人才。

李敖不愧是一名歷史學家，眼光確實夠狠毒、夠犀利，他的這一論斷，不僅適用於兩蔣，也道出了封建專制時代使用人才的基本形態。專制體制內，天底下吃公家飯的都是奴才，區別在於有的奴才除了做奴才就一無所長，是純奴才；有的奴才除了是奴才，還有一身治國安邦的本領，是奴才裡的人才。一部中國歷史，無論哪朝哪代，歸根結底只有兩種時代，要麼是「把奴才當人才用」的時代，要麼是「把人才當奴才用」的時代。遇上「把人才當奴才用」的時代，人才得到替朝廷賣命的機會，國家政治就相對清明，天下就太平些，百姓就少受些苦；遇上「把奴才當人才用」的時代，無德無能的奴才當道，人才必然受排擠遭打擊，國家政治就黑暗，天下就不太平，老百姓就要受更多的苦。

朱元璋算得上是個「把人才當奴才用」的帝王，劉伯溫歸隱不多久就得遇朱元璋，出山輔佐他殄滅群雄，蕩平天下，建立大明王朝，成就了一番驚天動地的英雄偉業。劉伯溫這張良桐寶琴終於在暮年時分奏出了激越昂揚的最強音。

但劉伯溫本事再大，在朱元璋眼裡也不過是個奴才，需要你時可以尊稱你幾聲「老先生」，不需要你時，也可以縱容別人下藥把你給毒死。這或許就是專制時代人才的普遍悲劇吧。

雖然說「把人才當奴才用」比「把奴才當人才用」要強得多，但它們都是專制的產物，在專制體制下，再開明的時代，人才的自由天性與生命尊嚴都沒有半點保障。

理想的時代應該是「把人才當人才用」的時代，在那樣的時代，人才以實現自我價值為終極目標，他們不需要以犧牲個人尊嚴為代價來換取施展才華的機會。在實現人生價值的過程中，他們可以保持個體的獨立性，可以做真正的自我，他們不用奴顏卑膝做任何人的奴才。

今天的人們早已認識到了人才的重要性，大家都知道對待人才的態度、方式和方法可以決定事業的成功與否，大到國家民族，小到單位集體，以至於一個小小的團隊，莫不如此。今天的人才也比劉伯溫們幸運得多，時代賦予了他們主動展示才華建功立業的可能性，他們獲得的機會也更加多元化、個性化。

但是今天是否就稱得上是「把人才當人才用」的理想時代了呢？今天的人才是不是就沒有「寶琴之歎」了呢？答案顯然是不樂觀的。比如在政治領域，官員的選拔、考核、擢升制度依然充滿人治色彩，上級的青睞依然是人才能不能脫穎而出的關鍵。良桐寶琴得不到賞識，人才遭打壓、被埋沒的情況依然時有發生。不過有一點是可以肯定的，那就是隨著國家政治生活裡民主因素的不斷增多與活躍，「良桐之歎」一定會越來越少，「把人才當人才用」遲早會成為一種社會常態。

原文：良桐

工之僑得良桐焉，斫而為琴，弦而鼓之，金聲而玉應，自以為天下之美也。獻之太常。使國工視之，曰：「弗古。」還之。工之僑以歸，謀諸漆工，作斷紋焉；又謀諸篆工，作古款焉；匣而埋諸土。期年出之，抱以適市。貴人過而見之，易之以百金。獻諸朝，樂官傳視，皆曰：「希世之珍也。」

工之僑聞之歎曰：「悲哉世也！豈獨一琴哉，莫不然矣。而不早圖之。其與亡矣。」遂去，入於宕冥之山，不知其所終。

貓頭鷹能養成鳳凰嗎？

寓言：冀梟鳳鳴

楚國的太子非常喜歡養梟（梟是一種外形類似貓頭鷹的猛禽），天天餵梟吃梧桐果，希望有朝一日梟也能像鳳凰那樣婉轉鳴唱。楚相春申君對他說「你養的是梟，跟鳳凰天性迴異，這是不可改變的，讓牠吃啥也沒用呀！」

春申君的門客朱英聽說了這件事，就對春申君說：「先生您知道餵養梟吃梧桐果不可能讓牠變成鳳凰，但您的門下養了那麼多整天偷雞摸狗的無賴混混，您對他們寵愛有加，讓他們錦衣玉食，享盡榮華富貴，您希望他們將來能以國士的行為報答您對他們的恩寵。在我看來，您這想法跟餵梟吃梧桐果希望牠像鳳凰那樣鳴叫有什麼不同啊？」春申君聽了沒在意。後來春申君被楚貴戚李園殺害了，而投在他門下的食客三千餘人頓作鳥獸散，竟沒有一個人能為他報仇的。

（見《郁離子・千里馬第一・養梟》）

心得

一個團隊應該按照達成團隊目標的現實需求來確立選擇人才的最低門檻，只有跨過門檻的人，才是團隊所需要的。一個團隊聚集了一批人才，彼此競爭，互相激發出靈感的火花，形成一個生機勃勃的氣場，目標就容易實現。

俗話說「栽得梧桐樹，不愁鳳凰來」，古時傳說鳳凰是一種高貴的神鳥，非梧桐枝不棲，非梧桐果不食。梟是一種外形類似貓頭鷹的猛禽，民間以梟為不祥之物。古人常常以鳳凰比喻天下的賢能之士，以梟比喻小人惡人。劉伯溫也不能免俗。

在這則寓言裡，楚太子異想天開，想把貓頭鷹養成鳳凰，春申君勸他說天性不可易，別做傻事了。

春申君在太子面前是個智者，可是，春申君只知其一不知其二，只知人不知己，他認識不到，他自己其實也一直在做和太子一樣的傻事呢。

春申君是戰國時期著名的四公子之一。四公子共同的特點就是禮賢下士，為吸引人才，爭養食客。來投奔的人多了，難免魚龍混雜，賢能之士應該也有，但可能更多的是些騙吃騙喝的無賴混混。

所以朱英提醒春申君說，您希望您門下那些整天偷雞摸狗的無賴混混，將來某一天能夠像絕世大英雄一樣報效於你，這跟太子想讓貓頭鷹發出鳳凰的叫聲有什麼兩樣呢？可惜朱英的話，春中君並沒有聽進去。

春申君後來的悲慘結局果真驗證了朱英的預言。

劉伯溫透過這個寓言提出了一個人才的甄別問題，光知道重視人才還不夠，還要有一套甄別選拔人才的機制。像春申君那樣連個起碼的「准入門檻」都沒有，怎麼可能招得到好的人才呢。

一個團隊應該按照達成團隊目標的現實需求來確立選擇人才的最低門檻，只有跨過門檻的人，才是團隊所需要的。一個團隊聚集了一批人才，彼此競爭，互相激發出靈感的火花，形成一個生機勃勃的氣場，目標就容易實現。鳳凰和鳴，那是何等美妙的音樂啊。而如果招來的是貓頭鷹，就算給牠再高的待遇，牠也叫不出鳳凰的聲音來。更要命的是鳳凰看到梧桐樹上立著貓頭鷹，鳳凰就再也不來了，這就是在人才學上的所謂「劣幣驅逐良幣」效應。

四公子中的另一位齊國的孟嘗君，跟春申君一樣接收門人食客標準太寬，養的也盡是些無賴混混。有一回孟嘗君出使秦國，為秦王所囚。門下有人裝成狗潛入王宮偷得價值千金的狐白裘，獻給秦王的寵妃，寵妃說動秦王放了孟嘗君。孟嘗君怕秦王反悔，連夜遁逃，但邊關要雞鳴之時才開放，有個門客就學雞叫，引得當地的雞跟著鳴叫，邊關就開放了。孟嘗君逃出關沒多久，秦兵果然追來了。

後世的人包括司馬遷都讚賞孟嘗君善於招賢納士才能吉人天相，但北宋的王安石不同意，他寫了篇《讀孟嘗君傳》的短文：

世皆稱孟嘗君能得士，士以故歸之；而卒賴其力以脫於虎豹之秦。嗟乎！孟嘗君特雞鳴狗盜之雄耳，豈足以言得士？不然，擅齊之強，得一士焉，宜可以南面而制秦，尚何取雞鳴狗盜之力哉？夫雞鳴狗盜之出其門，此士之所以不至也。

王安石指出孟嘗君如果真的能招賢納士，以齊國之地大物博，只要有一個賢人，就完全可以制服秦國，還用那麼狼狽的逃命嗎？正因為出入孟嘗君門下的盡是些雞鳴狗盜之徒，真正的賢能之士都避之唯恐不及啊！

王安石說的就是在人才問題上的「劣幣驅逐良幣」現象，跟劉伯溫冀梟鳳鳴的寓言有異曲同工之妙。

一個單位不可能人人都是一個模子裡出來的，難免良莠不齊，君子小人混雜其間。作為領導就有一個區別對待的問題，信任、依靠德才兼備的君子，激勵、獎賞他們的積極性和創造性，疏遠、懲戒那些寡廉鮮恥的惡人、小人，單位的正氣上升，諸事和諧，就能創造佳績。相反，整日被一幫溜鬚拍馬無德無能的宵小之徒包圍，疏遠、怠慢那些正直能幹的人才，單位一派烏煙瘴氣，不但損害了事業，遲早自己也要完蛋。

原文：養梟

楚太子以梧桐之實養梟，而冀其鳳鳴焉。春申君曰：「是梟也，生而殊性，不可易也，食何與焉？」朱英聞之，謂春申君曰：「君知梟之不可以食易其性而為鳳矣，而君之門下，無非狗偷鼠竊亡賴之人也，而君寵榮之，食之以玉食，薦之以珠履，將望之以國士之報。以臣觀之，亦何異乎以梧桐之實養梟，而冀其鳳鳴也？」春申君不寤，卒為李園所殺，而門下之士，無一人能報者。

眉毛有什麼用處嗎？

寓言：無眉之人

楚國有個叫杞離的官員，很不滿他的同事熊蟄父，對他說：「你知道有一種叫烏蜂的蜜蜂嗎？黃蜂竭盡全力釀造蜂蜜，而烏蜂不能釀蜜，只知道吃蜜。冬天來臨時，蜂王根據蜂房裡庫存蜂蜜的多少，給黃蜂們分配採蜜的任務，同時把只吃蜜不幹活的烏蜂全趕走，不走的，黃蜂們就一擁而上殺了牠。今天朝堂之上，官員們無論大小，都在任勞任怨為大王效力，只有你整天東遊西逛，天未黑就回家睡覺，早上太陽出來了還沒起床，對我們楚國毫無貢獻，有朝一日大王也開始對每個人的工作進行考核的話，我怕你會落得像烏蜂那樣的下場呀。」

熊蟄父回答道：「你看人的臉上，嘴、鼻、眼都是每天用得著的器官，只有眉毛好像沒什麼作用。如果你覺得眉毛沒用處，就拔掉它，那麼人人都有眉毛，就你沒有，你覺得那樣會好看嗎？像楚國這麼大的國家，如果容不下一兩個像我這樣拿著國家俸祿不怎麼幹活的人，我擔心楚國就像一個無眉之人，會被天下人恥笑呢。」

楚王聽說了這件事，反而更加厚待熊蟄父。

（見《郁離子・枸櫞第六・烏蜂》）

心得

眉毛沒什麼用處，但無眉之人會讓人笑話，可見不能沒有它就是它最大的用處。

這是一則趣味盎然的寓言。雖然只寫了兩個人幾句短短的對話，但同事之間互相鬥嘴時的那種神情態度，已經活靈活現，躍然紙上。杞離是臉紅脖子粗，急吼吼的，一副得理不饒人的樣子。而熊蟄父則是臉上平平靜靜，一副笑眯眯的樣子，語氣不緊不慢，只輕描淡寫的幾句話，就讓杞離碰了個軟釘子。

熊蟄父是個聰明人，聽了杞離那麼難聽的話，也沒有暴跳如雷地跟他爭吵。如果他跟著杞離的思路去辯駁，說自己也幹了多少多少工作，你沒看到就不要胡說八道啦等等，那是很傻的。而他退了一步，順著杞離的話頭，謙卑地說自己是沒什麼用處，但眉毛也沒用處啊，卻是人人不可缺少的。這樣反倒讓對手無話可說。

劉伯溫喜歡用寓言的形式闡述觀點，雖然寓言在表達觀點上可能不如散文明確直接，但寓言往往具有多義性，不同角度的解讀，會帶給讀者不同的感悟和啟迪，有時候讀者領悟到的意思可能是作者本人當初根本沒有想到過的。無眉之人這則寓言就具有多義性，可以解讀出不同的人生道理來。

這則寓言給我第一個啟發是人才的概念總是相對的。人的能力有大小之別，但世界上並不存在無所不能的天才。所謂的人才依我的理解就是那些特別適合他所從事的職務的人，或者說就是那些在特定領域裡做得比較成功的人。嘴、鼻、眼發揮嘴、鼻、眼的作用，眉毛就發揮眉毛的作用。一個單位裡，或者一個團隊內，只要仔細觀察總會發現有那麼一些毫不起眼的、看起來似乎可有可無的小人物，他們總是遠離中心，默默無聞地呆在某個角落裡，平日裡誰也意識不到他們的存在，只是某一天，他突然不在了，我們才會意識到他對於我們的重要性，失去他又會給單位或者團隊造成怎樣的損失。他們的重要性一如眉毛對於人的臉面的重要性，只有在失去他們時才會被我們發現。

這則寓言還告訴我們應該如何正確地看待和評價人才。像杞離那樣眼裡看到的全是別人的缺點，求全責備，動輒就指責別人是只拿錢不幹活的「烏蜂」，就不是一種評價人才的好方法。今天的為官者都特別講究所謂的領導藝術，其實最高明的領導藝術很簡單，那就是宅心仁厚，善於包容下屬的缺點和平凡，善於發現、發掘和發揮下屬的長處和作用，讓下屬充分感受到自己是個「人才」，時時體會到實現人生價值的快樂和幸福。當你的下屬都是出色的人才時，你領導的團隊還有什麼是不可戰勝的呢？

不過以上我總結的「主題思想」可能都不是劉伯溫的本意。我猜想劉伯溫當時創作這則寓言，是要透過筆下這兩個虛構人物來表達儒家對待生活的基本態度——中庸，那就是待人接物不過分也無不及，主張寬以待人，嚴以律已。《論語・憲問》裡記載：子貢方人，子曰：「賜也，賢乎哉？夫我則不暇。」意思是說子貢（端木賜）喜歡議論他人的過錯，孔子對他說：「端木賜啊，你自己就很賢能了嗎？我是沒有你那麼多的閒工夫。」在這則寓言裡，劉伯溫認為像杞離那樣對人過分苛責的言行，是不符合「孔子之道」的。而他認同的是熊蟄父那種自謙為眉毛的謙卑姿態，這也與劉伯溫一生剛正而低調的處世態度是一致的。

順便提一下對這則寓言還有一種解讀，認為劉伯溫的寫作目的在於譏諷那些不勞而獲還強詞奪理的人，把熊蟄父當成了反面人物，顯然是誤會了劉伯溫的原意。持這種觀點者的問題在於他們對於人才的理解過於偏狹了。其實人才大致可分為兩類，一類是像杞離那樣勤勤懇懇、任勞任怨的「務實型」人才；還有一類是像熊蟄父那種表面上無所事事的「務虛型」人才，他們關心的往往是戰略性問題，其作用相當於現在的所謂「管理者」或者「智囊」。芸芸眾生大多屬於務實型人才，務實型人才擔負了社會絕大多數工作，其作用固然不容小視，但也不應該指責務虛型人才就是吃閒飯的「烏蜂」。

原文：烏蜂

杞離謂熊蟄父曰：「子亦知有烏蜂乎？黃蜂殫其力以為蜜，烏蜂不能為蜜而惟食蜜。故將墐戶，其王使視蓄而計課，必盡逐其烏蜂，其不去者眾嚌而殺之。今居於朝者無小大，無不胝手瘃足以任王事，皆有益於楚國者也。而子獨遨以食，先星而臥，見日而未起，是無益於楚國者也。旦夕且計課，吾憂子之為烏蜂也。」

熊蟄父曰：「子不覩夫人之面乎？目與鼻、口皆日用之急，獨眉無所事，若可去也。然人皆有眉而子獨無眉，其可觀乎？以楚國之大，而不能容一遨以食之士，吾恐其為無眉之人，以貽觀者笑也。」

楚王聞之，益厚待熊蟄父。

到哪去買上好的水果？

寓言：梁王求果

戰國時魏國以大梁（今開封）為都，故魏王也稱梁王。梁王喜歡吃水果，派使者到南方的吳國去尋求。吳人送給梁王橘子，梁王吃了覺得味道甜美。過了些日子，梁王又派人去尋求，吳人送給他柑。梁王吃了覺得柑比橘子更味美。梁王猜測吳國一定還有更好的水果沒有送給自己，就暗中派使者去吳國秘密尋訪。

使者到了今天浙江嘉興一帶，在一個叫語兒鄉的地方，他看到村民的庭院裡種著香櫞樹，香櫞長得瓜兒那麼大，使者大為驚歎：「真美啊，金燦燦的，味道一定比柑橘更好。」他向村民要一個，村民不給他。使者回到魏國向梁王稟報，梁王說：「我就知道吳人很小氣的。」就命使者帶著錢去買了一批回來，早朝時送進宮中，梁王用香櫞祭奠了先王，然後就迫不及待地就剝了來吃。還沒吃完一瓣，梁王就酸得舌頭伸不直，牙根都倒了，一把鼻涕，一把眼淚的，別提多狼狽了。梁王氣得大罵使者。使者又到吳國埋怨語兒鄉的村民們。村民回答道：「我們吳國最味美的水果就是柑和橘，既然都送給你們梁王吃過，就再也找不出更好的了。可是你們梁王不相信，還是不斷來尋求。而使者您看到香櫞外觀又大又漂亮，也不問問味道如何就拿回去獻給梁王，挨了罵能怪誰呢？果樹都是土裡長的，有土就有果樹，有果樹就有水果，天下產水果的地方很多，你們梁王喜歡吃水果又不遍尋天下，老是盯著我們吳國，除了這又大又漂亮的香櫞，恐怕再也吃不到什麼好味道的水果了吧？」

（見《郁離子・枸櫞第六・枸櫞》）

心得

思維定勢有時會束縛人的創造性，領導者能不能突破思維定勢，不拘一格求人才，往往會成為事業成功與否的關鍵性因素。

梁王吃到吳國的桔子，覺得味道甜美，腦子裡開始形成了「好水果吳地產」的印象，所以當他想吃水果的時候就派使者到吳地尋求。

劉伯溫的這則寓言詮釋了現代心理學上一個很重要的概念——思維定勢。所謂的思維定勢是指人們在一定的環境中工作和生活，逐漸形成一種固定的思維模式，習慣於從固定的角度來觀察、思考事物，按固定的方式解決問題。

在環境不變的條件下，思維定勢使人能夠應用已掌握的方法迅速解決同類的問題。比如梁王覺得橘子好吃，就再到吳地找水果，很快又吃到了柑。但思維定勢的消極影響也是顯而易見的，梁王吃過美味的橘子後，眼睛就只盯著吳國，想不到天下之大，好水果還多著呢，白白失去了更多的口腹之樂。可見思維定勢有時會束縛人的創造性，妨礙我們採用新的方法解決問題。

有一則關於思維定勢的趣味題：

一位公安局長在路邊同一位老人談話，這時跑過來一個小孩，急促地對公安局長說：「你爸爸和我爸爸吵起來了！」老人問：「這孩子是你什麼人？」公安局長說：「這是我兒子。」請你回答：這兩個吵架的人和公安局長是什麼關係？

許多人一時答不出這道題，是因為現實生活裡絕大多數公安局長是男人，使他們有了一個先入為主的「思維定勢」，從「男局長」這個錯誤的大前提出發，解題的思路當然會走進死胡同。而一旦打破了思維定勢，所謂的難題立即迎刃而解，這是一位女局長，答案就出來了：吵架的是她的老公與老爸。

這道趣味題的解題過程告訴我們，事物的真相有時候離我們並不遙遠，我們看不到它，只是因為既有的思維定勢像一堵牆擋住了我們的視線。現實生活裡我們常常感歎真相難覓，大概難就難在了如何突破思維定勢上吧。

在人才問題上，也是這樣。無論古今，凡是較高層級上的領導者，都要面臨如何選擇、培養後備人才的問題。領導者能不能突破思維定勢，不拘一格求人才，往往會成為事業成功與否的關鍵性因素。劉伯溫創作「梁王嗜果，獨求於吳」的故事就是要告誡未來的統治者要放開眼量，廣求天下人才。

在中國，與劉伯溫一起被視為智慧化身的是三國的諸葛亮，但在三國裡偏偏他效命的蜀國最先滅亡了。人們普遍認為，重要的原因就在於蜀國的後繼無人。諸葛亮為人謹小慎微，事必躬親，他在選擇人才的時候很自然地拿自己做標杆，接班的蔣琬、姜維諸人性格上與諸葛何其相似，但才能器量相去何遠，唯一堪擔大任的魏延在亮死後卻被誅殺，蜀國焉能不亡？學者周澤雄是這樣評價諸葛亮在識別人才上的「乏善可陳」的：「諸葛亮重用了不該重用的馬謖，輕視了不應輕視的魏延，所以，蜀漢後期人才的極度匱乏，也就不難理解了。『蜀中無大將，廖化作先鋒』，這一局面的造成，諸葛亮難脫干係。」

與此形成鮮明對比的是東吳的人才傳承。火燒赤壁的周瑜是吳主孫權最喜歡的人。但孫權並不拿周瑜這個模子去套天下的人才。周瑜為人風流倜儻、氣宇軒昂，個性十分張揚，政治上是主張「滅劉」的。周瑜死後，孫權起用魯肅來接替周瑜，魯肅卻是一個跟周郎完全不一樣的人，他性格內斂謹慎，政治上是個「聯劉派」。魯肅死後用的呂蒙，與魯肅又是天差地別；呂蒙死後用的陸遜又與呂蒙是完全不一樣的人。孫權在識人用人上的不拘一格，使得「江東代有人才出」，其表現出來的非凡氣魄，就連一代梟雄曹操都要感歎「生子當如孫仲謀」呢！比起諸葛亮，孫權就具備開放性、發散性思維。他能不斷突破既有的思維定勢，在人才的選拔、使用上勝過神機妙算的孔明先生不知多少倍呢。

今天中國大陸在官員選拔上，上級的賞識依然是擢升的關鍵因素。領導的學歷不高，是從基層摸爬滾打起來的，他在選人的時候就可能比較看重實踐能力；而接受過完整學歷教育的領導則可能喜歡選擇「學院派」的人才。只找像自己的人，顯然不利於黨和人民的事業，但突破思維定勢則需要勇氣和智慧。領導者能否從自身經驗跳脫出來，能否突破既有的思維定勢，決定了他的格局的大小，也決定了他能走得多遠。

原文：枸櫞

梁王嗜果，使使者求諸吳。吳人予之橘，王食之美。他日又求焉，予之柑，王食之尤美。則意其猶有美者，未予也，甚使者聘於吳而密訪焉。御兒之鄙人，有植枸櫞於庭者，其實大如瓜，使者見而愕之曰：「美哉煌煌乎！柑不如矣。」求之，弗予。歸言於梁王，梁王曰：「吾固知吳人之靳也。」命使者以幣請之，朝而進之，薦而後嘗之。未畢一瓣，王舌縮而不能咽，齒柔而不能咀，希鼻顣頞以讓使者。使者以誚吳人，吳人曰：「吾國果之美者橘與柑也，既皆以應王求，無以尚矣。而王之求弗置，使者又不詢而觀諸其外美，宜乎所得之不稱所求也。夫木產於土，有土斯有木，於是乎果實生焉。果之所產不唯吳，王不遍索，而獨求之吳，吾恐枸櫞之日至，而終無適合王口者也。」

讓我瞧瞧你的出生紙哦？

寓言：郁離子獻馬

郁離子家的母馬生了小馬駒，內行人看了說：「這是千里馬啊，你應該獻給朝廷，讓牠住到皇宮的馬廄裡。」郁離子聽了很高興，真就帶著小馬駒到了京城。皇上讓宮裡掌管車馬的太僕考察小馬，太僕看後說：「馬是好馬啊，可惜不是冀北產的。」只給小馬駒安排在宮外的馬廄裡餵養。

（節譯自《郁離子・千里馬第一・千里馬》）

分歧視。

心得

「血統論」是落後、野蠻、反人權的，在人才選拔上我們應該反對並努力清除所有的身分歧視。

這篇「千里馬」是《郁離子》的開篇之作。文中的千里馬既是喻指天下賢才，也是劉伯溫內心的自我認同。劉伯溫寫小駿馬的遭遇，實際也是在宣洩像自己這樣的千里馬被「置於外牧」的鬱悶和不滿。中國古時的良種馬以冀北地區出產的純色馬為優，所以宮裡的馬官相馬講究是否「冀產」也是有一定道理的。但是只看血統不論其餘的相馬經，顯然是荒謬的，不合理的。劉伯溫藉此辛辣諷刺了元朝不平等的用人政策，表達了對元朝任人唯親的人才制度的怨恨之情。

元朝實行不平等的民族政策，人分四等，一等是蒙古人；二等是色目人，其中包括西夏、回回等西北各少數民族；三等是漢人，包括契丹、女真和原來金朝統治下的漢人；四等是南人，指長江以南的漢人和西南各少數民族。蒙古統治者對漢人和南人很不信任，也很少任用他們做官。雖然元朝也實行科舉取士，但南人不但考試的難度大，錄取名額少，考取後也不被重用，終生沉淪下僚。劉伯溫很不幸就屬於最低等的南人，雖然考取了進士，但一生仕途坎坷不得精進，他認為很大的原因就在於自己的「南人」身分，正如小駿馬不被厚待是因為「非冀產也」。

解放後較長時期裡，中國大陸實行嚴格的政審制度，所謂的「黑五類」子女在升學、就業、當兵、提幹上都受到了不公平對待，在那個荒唐的時代，不知道有多少人因為出身問題失去了改變命運的機會；為了與「反動家庭」劃清界線，不知道發生了多少夫妻反目、子女與父母斷絕關係的人倫悲劇。在這裡我給大家舉一個特殊的例子，可以讓我們深刻理解「血統論」的為禍之甚。

顧准是一個三〇年代入黨的老革命家，也是一個才華橫溢的大知識分子。解放後，在歷次的政治運動中，恃才傲物的他先後被打成「右派」「反革命分子」，被秘密逮捕，送去勞改，嘗盡了人間的種種苦難。學者易中天先生在《書生傻氣》一書中這樣描寫顧准的苦難命運：

「他受盡了磨難和摧殘：挨不完的批鬥與毒打，寫不完的交代與檢查，幹不完的髒活與累活，受不盡的歧視與侮辱，妻子離婚自殺，子女斷絕關係，老母親睽違十載不能相見，直到最後身患絕症，不治身亡。」

然而，就是在這練獄般的苦難歲月裡，顧准從來沒有低下過高貴的頭顱，他依然堅持著對國家民族命運的獨立思考，即使是被打得遍體鱗傷，死去活來，他也沒有承認過所謂的罪行，更沒有出賣過曾經的戰友與同事。一九七四年顧准被檢查出癌症晚期，已經時日無多。在友人的多方奔波下，組織上決定給他摘掉「右派」帽子，前提是顧准必須簽下一紙「認錯書」。儘管友人是出於改善顧准條件的好意，但顧准倔強地表示，承認錯誤是萬萬不能接受的。

這時候友人的一句話，卻改變了顧准就是被打死也不曾退縮過的心志。友人說：「如果你摘了帽，你的孩子們就會來看你的。」

「無情未必真豪傑，憐子如何不丈夫」，友人的這句話擊中了已經七八年沒見過子女的顧准那顆滴血的憐子之心。

顧准有五個子女，文革開始後，為了劃清和顧准這個死不悔改的「大右派」、「反革命」之間的界線，他們都宣佈與父親斷絕一切關係，從此把顧准逐出了家門。顧准孤苦一人經受了那麼多非人的折磨與摧殘，兒女們從來沒有來看過他一眼。儘管孩子們不曾來看過他，但顧准一直覺得是自己連累了孩子們，心裡滿懷著對孩子們的歉疚。現在，他已經病入膏肓，在這人生的最後日子裡，顧准是多麼想再看看自己的兒女啊，哪怕就看一眼也好啊。

正是出於對兒女們的強烈思念，顧准最終含著淚水用顫抖的手違心地簽下了「認錯書」。

可是即使這樣，即使摘了帽，顧准的五個子女最終一個也沒有來看他。臨終前顧准曾經對他的弟弟說：「我想他們，想得好苦呵，想得好苦呵。」就這樣，中國文革時期唯一依然堅持獨立思考的偉大先知——顧准孤寂地走完了苦難的一生，死不瞑目。

父子、父女關係，此乃天理人倫，可是在那個荒唐的年代，子女們為了追求自己所謂光明的前途，為了表達對「革命事業」的忠誠和對「反革命路線」的憎恨，竟然連親生父親臨死前最後見一面的請求也可以斷然拒絕，「血統論」製造的人倫悲劇簡直是慘絕人寰啊！

好在改革開放後，中國大陸很快廢除了落後、野蠻、反人權的「血統論」，取消了各種有關家庭出身的歧視性規定，在保障人的基本權利方面取得了巨大的進步。

今天，明目張膽的「血統論」是不存在了，但是在人才問題上是不是仍然存在某些暗的心照不宣的歧視呢？比如與普通工人、農民的子女相比，官員的子女是不是能夠得到更多的發展機會呢？在國家機關裡官員的子女是不是更容易得到提拔呢？而社會上時常鬧出「我爸是李剛」之類的拼爹遊戲，背後隱藏著的不也是「血統論」在新時代的變種嗎？

哲學家任繼愈生前在接受中央電視臺採訪時建議應該在中國大陸恢復科舉制度，就是出於對國家在人才選拔上存在不平等的擔憂。我懷疑任老的話有開玩笑的成分，以一種已被證明是落後腐朽的制度來拯救另一項制度的漏洞，註定是要失敗的。其實要消除人才選拔上的歧視現象，我以為最根本有效也最簡單的辦法還是擴大民主，增加組織人事工作的透明度。

原文：千里馬

郁離子之馬，孳得駃騠焉。人曰：是千里馬也，必致諸內廄。郁離子說，從之。至京師，天子使太僕閱方貢，曰：「馬則良矣，然非冀產也。」置之於外牧。

南宮子朝謂郁離子曰：「熹華之山，實維帝之明都，爰有紺羽之鵲，葩而弗朋。惟天下之鳥，惟鳳為能，屣其形。於是道鳳之道，志鳳之志，思以鳳之鳴鳴天下。爽鳩見而謂之曰：『子亦知夫木主之與土偶乎？上古聖人以木主事神，後世乃易以土偶，非先王之念慮不周於今之人也，敬求諸心誠，不以貌肖，而今反之矣。今子又以古反之，費鳴則已，鳴必有戾。』卒鳴之。咬然而成音，拂梧桐之枝，入於青雲，激空穴而殷岩巙，松、杉、柏、楓莫不振柯而和之；橫體豎目之聽之者，亦莫不蠢蠢焉，熙熙焉。鷙聞而大愓，畏其挻己也，使鸋鴂之於王母之使，曰：『是鵲而奇其音，不祥。』使雲鳥日逐之，進幽昌焉。鵲委羽於海濱，鶅鶩遇而射之，中脰幾死。今天下之不內，吾子之不為幽昌而為鵲也，我知之矣。」

給我一條大船吧，我去找神仙

寓言：請船得筏

秦始皇到東方巡視的時候，派徐福到東海尋找蓬萊、方丈、瀛海三座仙山。徐福請秦始皇給他準備航海用的大船，秦始皇沒有答應，只給了他葦子編的筏子，徐福見狀，推說自己不能勝任。秦始皇派使者去責備徐福，說：「人們都說先生有辦法去東海，可是你一定要我給你準備航海的大船，如果這樣的話，不僅僅是你，人人都可以去，就連我也可以去啊，又何必求助於你呢？」徐福無法回答。回去後私下準備大船，帶著三千童男女出海，在海島上安了家建了國。秦始皇滯留海濱，沒有等到徐福回來，三座仙山沒找到，只好鬱鬱而歸。歸途中病死於一個叫沙丘的地方。

（節譯自《郁離子・千里馬第一・請船得葦筏》）

心得

好的領導者要懂得成就下屬，重視人才不能只是停留在口頭上，關鍵是要為人才施展才華創造好的環境，提供好的條件。

「請船得葦筏」，意思是要大船卻給了條小葦筏。秦始皇得到徐福這個人才，但他不知道珍惜，不能為人才創造一個適合他發揮的平臺，終於自食苦果。像秦始皇這樣，我們現在常常說他是「既要馬兒跑得好，又要馬兒不吃草」，當然不可能會有什麼樂觀的結果。

歸隱青田山中的劉伯溫透過這則寓言一方面感慨自己宦海沉浮數十年，一直沒有得到一條足夠大的船，滿身的才華抱負始終不得施展；另一方面也是寄望未來的領導者不僅要口頭上重視人才，還要為人才提供施展才華的必要條件。

領導者要按照下屬擔任的職務和預定的目標任務，為其提供合適的條件。讓他出海打點小魚蝦就給他一條小葦筏，讓他出海找神仙就得給他造艘大船。孔子說：「工欲善其事，必先利其器」（《論語・衛靈公》），人才本領再大，也不能赤手空拳打天下。

春秋時期齊相管仲是孔子非常推崇的政治家。最初剛剛成為國君的齊桓公聽從鮑叔牙的推薦，請管仲出來幫助自己治理國家。管仲說：「賤不能臨貴。」意思是我地位低賤怎麼能領導高貴的人呢？齊桓公就任命他為「上卿」。但國家並沒有治理好，齊桓公就問怎麼回事啊？管仲說：「貧不能使富。」意思是我一窮人說話富人不聽啊。齊桓公就把一年來國家徵收的賦稅都交他使用。但是國家還是沒有起色，齊桓公又去問他，管仲說：「疏不能制親。」意思是你家親朋好友七大姑八大姨我哪管得了啊。齊桓公就立管仲為「仲父」，相當於國君的爹了，誰還敢不服啊？結果齊國治好了。

管仲向齊桓公伸手要官、要錢、要地位，實際上要的就是治國安邦的客觀條件與環境。「堯為匹夫不能治三人，而桀為天子能亂天下。」管仲能耐再大，沒有齊桓公的尚方寶劍，充其量也就只能「治三人」而已。而一旦有了足夠的權威，管仲之謀得以大展，齊國由此日益強大。可見，齊桓公後來能夠「九合諸侯，一匡天下」，成為春秋五霸之首不是沒有原因的，關鍵就在於他能處處體諒、理解管仲的難處，懂得為人才的充分發揮創造好的環境，提供好的條件。

中國大陸「兩彈一星」事業之所以取得偉大成就，除了錢學森、鄧稼先等科學家的獻身精神，國家在財力十分困難的情況下，為研製工作提供當時所能提供的最大支援，也起到了決定性的作用。這種支持不僅僅是物質上的，更有政治上的信任以及工作上的充分授權。

今天的各級領導，擔負著帶領人民群眾發展經濟、構建和諧社會的重大責任，每天面臨著紛繁複雜的工作任務，事必躬親不但愚蠢，還會誤事誤國。聰明的辦法就是團結帶領一幫子人才，為人才當好後勤，包括為人才提供與其能力、業績相匹配的待遇，一定範圍內的充分授權，如人權、財權、事權等，讓專業化的各類人才圍繞中心任務各盡其職，各展其才，最終實現領導和人才的「雙贏」：團隊戰略目標得到實現的同時，也幫助人才收穫實現人生價值的喜悅。

所以，有人說好的領導者要懂得成就下屬。既然工作是靠大家做的，每一位下屬都渴望發揮自己的作用，實現自己的人生價值，領導者就必須想盡辦法調動下屬的積極性、創造性，幫助下屬成就一番事業。比如在機關，一般科員想成為科級幹部，科級幹部想成為處級幹部，處級幹部又想成為更高級別的領導等等，人們的這些需求是合理的，也是自然的，正是有這樣不斷的需求，才推動了我們的工作不斷前進、事業不斷發展。某種職務、某種職稱，反映了一個人的價值和社會地位，也是社會對一個人的評價標誌。授予一個人某種職務或職稱，不僅會使其物質待遇進一步改善，而且也會使其社會地位和聲譽相應提高，極大地滿足一個人的生理需求和心理需求，從而產生巨大的激勵作用。所以，領導者要特別注意解決部下的職務、職稱等方面的問題，該提拔的提拔，該晉升的晉升，該重用的重用，這樣才能最大限度地調動部下的工作積極性。如果該提的提不上來，該升的升不起來，該薦的薦不出去，就會形成死水一潭，工作也不會有任何起色。

原文：請舶得葦筏

閼逢敦牂之歲，戎事大舉，有薦郁里子宓於外闥者曰：「郁里先生實知兵，可將也。」聘至，郁里子過郁離子辭，且請言焉。郁離子仰天歎曰：「嗟乎悲哉！是舉也忠矣，而獨不為先生計哉？」郁里子曰：「何謂也？」郁離子曰：「昔者秦始皇帝東巡，使徐市入海，求三神蓬萊之山。請舶弗予，予之葦筏，辭曰：『弗任。』秦皇帝使謁者讓之曰：『人言先生之有道也，寡人聽之，而必求舶也，則不惟人皆可往也，寡人亦能往矣，而焉事先生為哉？』徐市無以應，退而私具舟，載其童男女三千人，宅海島而國焉。秦皇帝留連海濱，待徐市不至，不得三神山而歸，殂於沙邱，今之用事者皆肉食，吾恐先生之請舶而得葦筏也。」既而果不用郁里子。

喜歡什麼想要什麼，給他唄！

寓言：吳起之貪

有一位門客在魏武侯那兒說吳起的壞話：「吳起是個貪婪之人，千萬不可重用他啊。」魏武侯於是疏遠了吳起。

武侯之弟公子成進見武侯，問：「您為什麼要疏遠吳起呢？」

武侯說：「有人說吳起貪財，因此我不喜歡他了。」

公子成說：「大王您錯了，論軍事才能，天下沒有比吳起更強的人。正因為他有功名利祿之心，才來為您效力，要不然您怎麼能用他為將呢？再說您覺得自己同商湯、周武王相比，誰更賢明呢？務光、伯夷是天下沒有貪欲的人，但務光不願意為商湯效命，伯夷也不願意給武王做臣子。如果天下真有像務光、伯夷那樣不貪婪的人，他們怎麼願意做你的臣子呢？如今咱們魏國東面要對付齊國，南面要對付楚國，北面要對付韓國、趙國，西面還有如狼似虎的秦國。大王您處在四面包圍之中，而那五國屯駐軍隊，坐而靜觀，卻不敢進犯魏國，原因是什麼呢？就是因為魏國有吳起做大將啊。《詩經》說：『赳赳武夫，公侯干城。』（勇猛威武的武士是保衛國家的棟樑）吳起就是這樣的武夫啊。大王如果慮及國家安危，只要吳起喜歡什麼想要什麼，你都給他，吳起的慾望滿足了，沒有別的要求了，吳起就能安心統帥魏國軍隊，這樣大王您所失去的很小很小，所得到的很大很大。相反，如果您讓吳起整天吃糙米蔬菜，穿破衣爛裳，徒步行走，還要被您呼來喚去的，那麼吳起必定會離開魏國。吳起一旦離去，天下像吳起這樣有才能的人，本來有心投奔魏國的就會望而卻步，咱們魏國就沒有人才可用了。我私下為你擔憂的就是這個。」

武侯聽了連連稱是，又重新起用了吳起。

（見《郁離子‧枸櫞第六‧使貪》）

心得

領導者要想吸引和留住人才，必須懂得投其所好，滿足人才的合理需求，為人才提供符合其身分的優厚待遇。

劉伯溫在這則寓言裡講的還是如何對待和使用人才的問題。

魏武侯之疏遠怠慢吳起，小人的讒言固然起了一定的作用，但最根本的問題還是出在武侯本人身上。

作為領導者，魏武侯不具備劉邦那樣海納百川的胸懷，不能寬容地看待下屬的缺點與不足，吹毛求疵，求全責備，一味挑剔下屬的毛病，看不到下屬身上的閃光點。所謂金無足赤人無完人，尤其像吳起那樣有一技之長的人才，往往都是一些個性比較強、脾氣比較大的傢伙，一旦感覺到不受重視，「傷自尊了」，結果「此處不留爺，自有留爺處」，老子不伺候了，一拍屁股就走人了。

寓言裡魏武侯從善如流，重新重用了吳起，但歷史上吳起最終還是無法忍受魏武侯的猜忌而出走楚國，直接導致了魏國後來的衰亡。

可見「寬以待人，用其所長」，應該是領導者吸引人才、用好人才的大前提。寬以待人四個字，說說挺容易，要真正做到還是很難的，對領導者而言，容忍、體諒下屬的缺點與不足，需要特別的雅量與氣度。

劉伯溫在《郁離子》裡還寫過一個趙人乞貓的寓言，說是有位趙人家裡鼠患成災，就去中山國找人要了一隻貓，這隻貓很會捕鼠，但有個毛病就是會偷雞吃。過了段日子，家裡老鼠是不見了，但家裡養的雞也被牠吃光了。趙人的兒子很惱火，就要趕走這隻中山貓，但趙人不同意，他說：「沒有雞吃不過少了口腹之樂，但家裡如果老鼠成災就會咬壞東西吃光糧食，我們就要忍饑挨餓了。」

這位趙人就是個「好領導」，他看中的是中山貓善於捕鼠的特長，所以他可以容忍和忽略中山貓吃雞的壞毛病。

但僅僅有「寬以待人，用其所長」的胸懷顯然還是不夠的。好的領導者還要為人才提供一份與其才幹、業績相適宜的待遇，讓人才有一種物有所值的認同感。寓言裡的吳起，小人誣其貪婪，其實他只不過是要得到一份對得起自己的才能與付出的待遇而已，實為人之常情。正如公子成所說滿足吳起的物質需要，對於魏王與魏國而言所失者極小，所得者極大。

解放後，中國大陸在過去較長時期裡實行計劃經濟，其最大的弊端之一就是分配上的平均主義，天才蠢才一個樣，幹好幹孬一個樣，極大地抑制了人才的脫穎而出，造成經濟社會長期裹足不前。而改革開放也正是從打破大鍋飯開始的。人才激勵機制發揮了強大的作用，直接帶來了國家的繁榮發展和人民生活的極大改善。

今天，市場經濟條件下的商業競爭實質上就是人才的競爭，誰得到了人才誰就是勝者。劉伯溫的寓言告誡領導者要取得人才爭奪戰的勝利，必須要懂得滿足人才的合理需求，為人才提供符合其身分的優厚待遇。

當代許多成功的大企業都是依賴於一大批人才的特殊貢獻而迅速崛起的，其中企業領導人建立的人才激勵機制起到了關鍵作用。

比爾・蓋茨領導微軟的時候，有一位研究資料傳輸的天才到微軟就職，比爾・蓋茨準備安排他到設在波士頓的微軟研究中心工作。但這位天才脾氣很怪，就是不願離開矽谷。比爾・蓋茨為留住這位天才竟然專門在矽谷蓋了一棟別致的小樓，成立了一個小型的研究中心。據說在微軟這樣的例子是很多的。微軟的員工可以選擇相對靈活的工作時間。當員工因為加班而實在無法分身的時候，公司會讓家政公司為員工處理家務，比如交水電費、接送小孩等等。而在谷歌公司，老闆布林則將「免費」作為公司文化的一部分，員工用餐、健身、洗衣、洗澡、看病都全額免費。公司每層樓都有一個咖啡廳，可以隨時喝咖啡、吃點心，大冰箱裡各種飲料，隨便喝。為了讓天才們工作得更加舒適，公司為每位員工設立單獨的辦公室，每個辦公室都可以按照自己的喜好來裝修。最讓人不可思議的是，布林還允許員工帶孩子與寵物來上班。

世界上成功的企業其經營管理之道各不相同，但有一點是相同的，那就是以優越的條件、優厚的待遇來聚攏人才，激發人才的積極性與創造性。

原文：使貪

客有短吳起於魏武侯者，曰：「吳起貪不可用也。」武侯疏吳起。

公子成入見曰：「君奚為疏吳起也？」武侯曰：「人言起貪，寡人是以不樂焉。」

公子成曰：「君過矣，夫起之能，天下之士莫先焉：惟其貪也，是以來事君，不然君豈能臣之哉？且君自以為與殷湯、周武王孰賢？務光、伯夷天下之不貪者也，湯不能臣務光，武王不能臣伯夷，今有不貪如二人者，其肯為君臣乎？今君之國，東距齊，南距楚，北距韓、趙，西有虎狼之秦，君獨以四戰之地處其中，而彼五國頓兵坐視，不敢窺魏者何哉？以魏國有吳起以為將也。周《詩》有之曰『赳赳武夫，公侯干城』，吳起是也。君若念社稷，惟起所願好而予之，使起足其欲而無他求，坐威魏國之師，所失甚小，所得甚大。乃欲使之飯糲茹蔬，被短褐，步走以供使令，起必去之。起去，而天下之如起者卻行，不入大梁，君之國空矣。臣竊為君憂之。」

武侯曰：「善。」復進吳起。

羊能拉犁嗎？或者豬能駕車嗎？

寓言：說知人善任

郁離子對執政大臣說：「您如今用人，是只講湊個人數呢，還是要依靠人才來治理國家呢？」

執政大臣說：「我選拔任用優秀的人才啊。」

郁離子說：「我怎麼覺得您說的與做的不那麼相符啊？」

執政大臣問：「你為什麼這樣說呢？」

郁離子答道：「我聽說農夫耕田是不會用羊來拉犁的，商人趕路是不會用豬來駕車的，因為他們知道羊和豬幹不了這種事，讓牠們幹只會把事情搞砸了。所以夏商周三代選拔人才時，一定先讓他們透過學習做好準備才讓他們擔任職務，一定先讓他們實習處理政務，合格的才重用他們，不問他們的家族世系，從不虧待那些有才能但出身微賤的人。現在你手下掌管法紀的官員，擔負著為國選人的重任，就像國家的耳目，卻只看重人外在的儀錶談吐之類，不能公平地廣徵天下賢才，反而選拔那些華而不實的貴族子弟公子哥兒擔當重任，看來你愛國家還不如農夫愛惜田地、商人愛惜馬車呢。」

執政大臣嘴上稱許他說得對，心裡卻很不高興。

（見《郁離子・千里馬第一・規執政》）

心得

人才之道，一言以蔽之就是讓合適的人來做合適的事。從領導者的角度看，也就是我們今天常說的知人善任——人得其位，位得其人，從而達到人盡其用，人事相宜的最佳效果。

這是一段虛擬的對話，反映的是劉伯溫對於人才選拔任用上的獨到見解。

對話是虛構的，但劉伯溫的感慨卻是真實的，文中所抨擊的不就是元末朝廷任人唯親的政治現實嗎？蒙元時期，人分三六九等，像劉伯溫那樣的南方漢族知識分子很難得到為國家建功立業的機會，而貴族子弟無需多少才能就可以輕易地封官進爵。本來這在當時人看來不過是一種司空見慣的現象，但劉伯溫用了一個鮮明的比喻使讀者一下子就看到了這種現象的荒謬性。這個比喻就是「農夫耕田不用羊拉犁，商人趕路不用豬駕車」（農夫之為田也，不以羊負軛；賈子之治車也，不以豕驂服）。劉伯溫說農夫耕田不會用羊來拉犁，商人趕路不會用豬來駕車，因為他們知道羊和豬幹不了這種事，讓牠們幹只會把事情搞砸。現在的執政者卻任用華而不實的公子哥兒擔當要職，可見他們對國家的愛還不如農夫愛田地、商人愛馬車呢。

劉伯溫真是個設喻的高手，用「農夫耕田不用羊拉犁，商人趕路不用豬駕車」這句話，來比喻要讓合適的人來做合適的事是多麼的貼切呀。人才之道，一言以蔽之就是讓合適的人來做合適的事。從領導者的角度看，也就是我們今天常說的知人善任。

知人是善任的前提。知人就是領導者要有識別人才的能力，真正從人的內涵如學識修養品德能力氣量格局等等來把握和判斷人才。善任是知人的目的。善任就是要把合適的人才擺到他最勝任的位置上，達成人才與職務的最佳匹配，讓人才發揮最大的效用。

《論語・憲問》上記載，子曰：「孟公綽為趙魏老則優，不可以為滕薛大夫。」孔子說，孟公綽這個人啊，讓他在趙、魏這樣的大國做家臣，可以做得很優秀，但要他做滕、薛這樣的小國大夫，則不能稱職。大國的家臣與小國的大夫，所辦的事情不同，孔子以為孟公綽做大國的家臣，其道德、學問、才能都非常合適，但是如果小國請他做大夫，卻未必勝任。孔子判斷孟公綽適合什麼樣的職位，是基於他對孟公綽這個人的充分瞭解。孔子評論孟公綽的這兩句話，可以說是對知人善任的最好詮釋。一個人長於此事，不一定長於彼事，用人不能求全責備，必須取其所長，捨其所短。歷史上許多英雄豪傑成功往往就成功在知人善任上，失敗也同樣往往失敗在不能知人善任上。劉邦任用韓信為將，孫權任用陸遜為帥，都是知人善任的好例子。而不能知人善任帶來軍事上重大挫敗的著名例子，要算是諸葛亮任用馬謖守街亭了。

在「劉伯溫說人生智慧」那章裡我曾經提到衛國的衛靈公和寵臣彌子瑕疑似有同性戀的

關係。衛靈公不似人君，寵信南子、彌子瑕，整天嘻嘻哈哈不幹正事，不過他對孔子倒很尊敬，孔子在衛國住了很久，但孔子對衛靈公的荒淫無道很不以為然。有人就問孔子，既然如此那為什麼衛國沒有滅亡呢？孔子回答道，衛國有仲叔圉主持外交，祝子魚主持內政，王孫賈主持軍事。一個國家的外交、內政、國防都有專門的人才來辦理，怎麼會滅亡呢？（見《論語‧憲問》）衛靈公是個荒唐的活寶，可他作為國君還不算太昏庸，他會用大臣，懂得知人善任。孔子當然瞧不起靈公的為人，但他論人很公正，不以其所短棄其所長，所以，他仍然把衛國之未亡歸功於衛靈公舉賢任能的人才政策。可見，在孔子看來，統治者能不能禮賢下士、知人善任直接關係到國運的興衰。

隨著時代的發展，社會分工越來越細，如今各行各業所需要的人才更加多元化、專業化，無論商界、政界、學界，對於一名領導者而言，知人善任既是一門學問，也是保證事業成功的基礎。要掌握好知人善任這門重要的學問，關鍵在於領導者要做到兩個「心中有數」。一是對每一名下屬要有透徹的瞭解，做到對人要心中有數。「尺有所短，寸有所長」，有的人學問好、有見地，能提出許多有益的建議與措施，適合管理工作，但讓他做瑣碎細緻的事務性工作卻可能無法勝任；而有的人實際工作做得很好，但把他提拔到管理者的職位，反而讓他無所適從。要全面認識一個人不是一件容易的事，這就要求領導者必須深入群眾，「日久見人心」，與下屬接觸多了，對下屬的人品學問能力興趣等各方面才能了然於胸。二是對本部門的每一個工作崗位要有透徹的瞭解，對每個崗位需要什麼樣的人做到心中有數。有了這兩個「心中有數」，領導者輕輕鬆鬆就能把合適的人安排到合適的崗位，人得其位，位得其人，從而達到人盡其用，人事相宜的最佳效果。

管理學上有一條著名的定理叫「沒有平庸的人，只有平庸的管理」。事情實際上很簡單，「用羊拉犁耕田，用豬駕車趕路」就是平庸的管理，就是瞎指揮；「用牛拉犁耕田，用馬駕車趕路」就是科學的管理，就是知人善任。許多領導常常感歎手下缺少人才，無人可用。其實很多時候不是缺少人才，而是缺少發現；不是無人可用，而是沒有把合適的人放到正確的位置上。

原文：規執政

郁離子謂執政曰：「今之用人也，徒以具數與？抑亦以為良而倚以圖治與？」

執政者曰：「亦取其良而用之耳！」

郁離子曰：「若是，則相國之政與相國之言不相似矣。」

執政者曰：「何謂也？」

郁離子曰：「僕聞農夫之為田也，不以羊負軛；賈子之治車也，不以豕驂服，知其不可以集事，恐為其所敗也。是故三代之取士也，必學而後入官，必試之事而能，然後用之。不問其系族，惟其賢，不鄙其側陋。今風紀之司，耳目所寄，非常之選也。儀服云乎哉，言語云乎哉，乃不公天下之賢，而悉取諸世胄、昵近之都那豎為之，是愛國家不如農夫之田、賈子之車也。」

執政者許其言而心忤之。

Chapter 4

劉伯溫說為官之道

說到為官之道，
現在市面上流行著許多探討官場生存謀略的書籍，
兜售種種「擺平」上級、平級和下級的所謂高招。
這些書籍都號稱是教你在官場上
如何長袖善舞遊刃有餘的「升遷指南」，
實際上講穿了就是一些官場厚黑學的皮毛而已。

說到為官之道，現在市面上流行著許多探討官場生存謀略的書籍，向讀者兜售種種「擺平」上級、平級和下級的所謂高招。為招攬讀者，這些書籍都號稱是教你在官場上如何長袖善舞遊刃有餘的「升遷指南」，實際上講穿了就是一些官場厚黑學的皮毛而已。或許是因為民間流傳的劉伯溫神話傳說太多的緣故吧，現在有些人竟然把劉伯溫說成是什麼厚黑學的鼻祖。在發行量巨大的網路歷史普及讀物《明朝那些事兒》裡，作者當年明月就把劉伯溫看作是厚黑學的大師，他認為入明後，朱元璋之所以猜忌劉伯溫，是因為朱皇帝覺得劉伯溫的厚黑學比自己更厲害。《明朝那些事兒》寫得輕鬆幽默，可讀性強，我也很喜歡，在史實方面大體上也是靠譜的，但獨獨在這個問題上，我覺得當年明月顯然是有些想當然耳了，我猜想他至少沒有認真讀過劉伯溫的著作。把劉伯溫說成厚黑學大師真是天大的誤會，無論考諸劉伯溫的生平事蹟還是其著作文章，都是站不住腳的。與此相反劉伯溫恰恰是一個為人剛直，最反對耍奸使滑的人。如果劉伯溫願意放棄道德的底線和為人的尊嚴，放下身段去做一些厚臉皮黑心腸的事，以他的智慧高度，他在元朝為官時早就飛黃騰達了，何至於二十多年還是一個「縣處級」的小官呢？

而從劉伯溫身後留下的大量文章著述裡，我們讀到的是沉鬱雄奇，是犀利深刻，是藉古諷今，是憂國憂民，我們就是讀不到一絲一毫厚黑學的氣息。《郁離子》裡講了很多為官之道，講的都是如何做一個正直愛民、目光遠大的官員。今日的為官者如果聽信當年明月的忽悠，想從劉伯溫這裡掏一點官場厚黑學的武功秘笈，那是肯定要失望的。但是假如官員朋友們能靜下心來，認真地聽一聽劉伯溫說的為官之道，或許你會得到意外的收穫，說不定於你的為官生涯也會有所助益。

山上的果樹是你家的嗎？

寓言：楚人牧猴

楚國有一位以養獼猴（古稱狙）為生的人，人們都叫他「狙公」。狙公每天早晨在院子裡給猴子們佈置任務，讓老猴帶著牠們上山去採摘野果，狙公從每隻猴子那兒拿走十分之一的野果來供養自己。哪隻猴子不交的話，狙公就用鞭子抽打牠。猴子們對他又恨又怕，但都不敢違抗他。一天，有隻小猴對群猴說：「山上的果樹是狙公栽的嗎？」大家說：「不是啊，是天生的。」小猴又問：「那是不是只有狙公才有權利上山採果子呢？」大家答：「不是啊，人人都可以上山採呀。」小猴說「既然是這樣，那我們為什麼要受他的奴役呢？」話音未落，群猴恍然大悟。當天夜裡，猴們等狙公睡著了，毀壞柵欄，砸破籠子，帶上吃剩的果子，互相扶持著逃入深山，永遠離開了狙公。狙公終於餓死了。

郁離子說：「世上那些只靠權術役使百姓而不講道義法度的人，不是很像這位狙公嗎？只是百姓沒有覺悟而已，一旦有人像那隻小猴一樣點撥一下，權術就沒用了。」

（見《郁離子・瞽聵第五・術使》）

心得

劉伯溫把儒家提倡的為官之道總結為簡簡單單的四個字：「道義法度」。無論古今，為官之人處理事情如果都能出乎「道義」、合乎「法度」，那麼老百姓又「夫復何求」呢？

劉伯溫是孔孟信徒，面對元末社會的腐朽衰敗，劉伯溫的救世主張就是要復興「孔子之道」。儒家學說是他最重要的思想資源。儒家講究尊卑有序，子曰「民可使由之，不可使知之」，應該說包含著一定的愚民的意味。漢以後儒家學說被確立為國家唯一的正統思想，很大程度上是儒家思想暗合了統治者的需要。到了宋朝，程朱等人更進一步將儒家學說極端化、宗教化、意識形態化，「存天理，去人欲」、「三綱五常」等禮教教條日益成為中國人的思想桎梏，嚴重束縛了中國人的創造性，近代中國的苦難歷史追根溯源宋儒是要負上很大責任的。自宋以後中國的知識分子受了宋儒的荼毒，思想僵化，呆板木訥，身上往往一股子道學家的酸臭味。從這個意義來看，作為儒家信徒的劉伯溫就顯得卓而不群了，他的文章特別是那些生動活潑的寓言故事，顯示了他有別於其他儒家學者的豐富的想像力和鮮活的個性化思維。

回到這則楚人牧猴的寓言。這則寓言脫胎於《列子》寓言「朝三暮四」，但劉伯溫做了完全不同的演繹，透過群猴反抗狙公「術使」的故事，表達了自己推崇孟子的「民本」思想，也對孔子「民可使由之，不可使知之」的愚民思想，表示了異議。這在宋以後是十分難得的，也引起了我對先賢劉伯溫特別的崇敬之情。

專制制度的主要特徵之一就是官民關係的不平等。在這種關係裡，官是民的父母，是永遠主動、絕對強勢的一方，民是官的魚肉，是永遠被動、絕對弱勢的一方。老百姓如果遇上一位有責任有擔當、敢於「為民做主」的好官清官，是他們的三生有幸；遇上一位狙公那樣只知道盤剝、壓榨、忽悠的惡官昏官就只好自認倒楣。讓人深感洩氣的是，在中國漫長的封建歷史上，老百姓幸運的時候總是少之又少，倒楣的時候總是多之又多。

《紅樓夢》第四回「薄命女偏遇薄命郎，葫蘆僧判斷葫蘆案」寫賈雨村因賈府之薦出任應天府尹，甫一到任就遇上了一樁人命官司。案子本身是十分簡單的，一個小戶人家的公子馮淵從人販子那裡買到了一個叫英蓮的漂亮丫頭（即後來的香菱），約好三日後來領人。不想就在這三日裡，人販子一奴賣二主，又把她賣給了薛蟠。馮公子自是不服，就找薛家理論，竟被薛蟠縱奴活活打死了。

乍聽案情，賈雨村倒也義憤填膺，即刻要差人拿凶。但當他聽了門子提示的此案中的利害關係，特別是門子介紹的所謂「護官符」之後，他就改變主意了。他讓薛家給馮家多賠點「燒埋之費」，先擺平了原告，又謊報薛蟠暴病而亡，就把官司草草了結。命案兇手薛蟠竟然毫髮無損地帶著母親與妹妹上京城去了，可憐那個叫馮淵（逢冤）的一條青春生命枉成了一縷孤魂野鬼。

從賈雨村斷案看得出，賈雨村為官既不講「道義」，也不講「法度」。他遵循的是叢林法則，誰家實力強我就向著誰。他憑著在這件案子上的枉法裁判繼賈家之後又搭上了四大家族中的薛王兩家，成為他日後發跡的起點。由於專制體制內對賈雨村這樣的惡官幾乎沒什麼有效的監督與約束機制，因此要保證封建社會的基本穩定，官員個人的道德水準就成了特別重要的因素。

劉伯溫寫作這則寓言的用意正在於此，他把儒家所提倡的為官之道總結為簡簡單單的四個字——「道義法度」，無論大官小官，如果處理事情都能出乎「道義」、合乎「法度」，那麼老百姓又「夫復何求」呢？要知道中國的老百姓可是世界上最容易滿足的啊。

劉伯溫的這一番真知灼見，我以為就是在今天依然閃耀著理性的光芒。今天的為官之人，思想上首先要搞清楚的，不還是一個如何對待老百姓的問題嗎？是像狙公對待猴子那樣「忽悠」「糊弄」，還是講求「道義法度」，不依然是判斷官員是否稱職的標準嗎？

在一些地方，幹群關係相當緊張，很大程度上是由於官員對待百姓缺乏感情，遇事就知道「忽悠」、「糊弄」，只求如何「擺平」與「對付」，從不考慮是否符合「道義法度」。這樣的官員就是現代版的狙公，劉伯溫筆下的狙公尚且被群猴拋棄，在民主法治高速發展，網路監督高度發達的今天，現代版狙公們的命運又能好到哪裡去呢？

原文：術使

楚有養狙以為生者，楚人謂之狙公。旦日必部分眾狙於庭，使老狙率以之山中，求草木之實，賦什一以自奉，或不給，則加鞭焉。群狙皆畏苦之，弗敢違也。一日有小狙謂眾狙曰：「山之果公所樹與？」曰：「否也，天生也。」曰：「非公不得而取與？」曰：「否也，皆得而取也。」曰：「然則吾何假於彼，而為之役乎？」言未既，眾狙皆悟。其夕相與伺狙公之寢，破柵毀柙。取其積，相攜而入於林中，不復歸。狙公卒餒而死。郁離子曰：「世有以術使民而無道揆者，其如狙公乎？惟其昏而未覺也，一理有開之，其術窮矣。」

久旱盼甘霖，可甘霖氾濫了咋辦？

寓言：東都大旱

東漢滑帝末年，東都洛陽大旱，野草全部枯死，池塘裡的水也都乾涸了。有一個巫師對父老鄉親們說：「南山的水潭中有一種靈異的神物，可祈求牠出來降雨。」

有老人說：「那是蛟龍，不可起用牠啊，起用牠雖然能得到雨，但必留後患啊。」

眾人說：「如今乾旱極了，人們就像坐在火爐之上，朝不保夕，哪裡還有時間考慮後患呢？」於是就請巫師一起到水潭邊，禱告祈求蛟龍出水。祭酒還未獻過第三巡，蛟龍就蜿蜒而出，颼颼作響，山谷都震動了起來。一會兒，狂風驟起，雷雨大作，樹木全被連根拔起，大雨下了整整三天還不停止，伊河、洛河、瀍水、澗水全都氾濫，東都洛陽遭到大水圍困，人們這才後悔當初沒有採納那位老人的話。

（見《郁離子・魯般第二・東都旱》）

心得

為官者一個錯誤的決定，只在轉瞬之間就有可能把百姓帶入一場從天而降的災難。所以，為官者行事必須慎之又慎，每走一步都要思之再三！

大旱固然是燃眉之急，但引蛟龍降雨無異飲鴆止渴，是把老百姓從一個可承受的災難直接帶入了滅頂之災。

劉伯溫的每一則寓言都稱得上是一篇語重心長的「官箴」，像前面已經介紹過的劉伯溫關於人生智慧、貪婪之害、人才之道的寓言與議論，幾乎每一篇都含有對為官者的勸誡與警示的意思。在這則寓言裡，雖然引蛟龍降雨的是洛陽城裡的百姓，但事實上面對全城大旱之類的「公共危機」，一般來說，做出應急決策的往往是當地的行政長官們，所以，劉伯溫的用意依然是要告誡為官者一個深刻的道理：用一個壞的辦法去解決面臨的壞的情況，一定會得到一個更壞的結果。歷史上由於官員決策失誤，類似引蛟龍降雨這樣的悲劇其實是經常發生的。

同樣是在洛陽，一千八百多年以前就曾經發生過一出此類真實的悲劇。東漢末年，漢靈帝寵信「十常侍」，政治腐敗黑暗。靈帝死後，少帝即位，國舅何進為剷除把持朝政的宦官集團「十常侍」，密召地方軍隊進京勤王。結果「十常侍」倒是分崩離析了，但是應何進之召進京的董卓和他的西涼兵卻把當時的繁華之都洛陽變成了一座人間的地獄。董卓的部隊嗜血成性，暴虐兇殘，在洛陽城裡燒殺姦淫，無惡不作，擄掠一空後還一把野火燒了洛陽城，並逼迫人民遷都長安，在這次數百萬人的大遷徙中，大批大批的難民死於饑餓，死於無邊的恐懼，難民所經之處，唯餘森森白骨。曹操曾用悲涼的詩句描寫董卓之亂給人民帶來的深重苦難：

白骨露於野，千里無雞鳴。生民百遺一，念之斷人腸。（見《蒿里行》）

對付「十常侍」的辦法可能有無數條，但屠夫出身的何進選擇了最危險最愚蠢的那一條。在何進看來要誅殺「十常侍」最快捷有效的辦法就是引軍隊入京，但是這個草包根本就沒有細想過朝廷有沒有能力節制與管控這些軍隊。結果是一個魯莽草率不計後果的決定，帶來了無法預料的巨大災難，自此漢王朝名存實亡，國家陷入了諸侯長期混戰的分裂局面。

為官之人，自踏上仕途之日起，免不了要遇到各種各樣的困難與問題，尋找怎樣的解決之道最能反映官員的品德與能力。像何進那樣遇事只求快刀斬亂麻只求立竿見影，根本不計後果，不考慮事情留下的隱患，註定是要付出沉痛代價的。如果你是普通人用這樣的辦法處理私事倒也罷了，但你要是手中握有權力的為官者，你的魯莽最終害的就不僅僅是你自己，更會給廣大百姓帶來危害和災難。正如劉伯溫寓言所寫的那樣，洛陽從大旱到大澇不過是轉瞬之間的事情；為官者一個錯誤的決定，只在轉瞬之間就有可能把百姓帶入一場從天而降的災難。所以，為官者行事必須慎之又慎，每走一步都要思之再三！當然，要找到一條正確的路子，既能解決眼前的當務之急，又能使事情的副作用或者負面影響降低到最小，並不是一件容易的事。可是再難不也是為官者的職責所在嗎？啥事都容易還要當官的幹嘛？

歷史上中國老百姓吃「盲目決策」的苦頭之多之重，肯定都是世界冠軍。從大煉鋼鐵大辦食堂到反右到文革，往往是領導者的一句話就帶來一場規模浩大的瞎折騰，老百姓遇到的不是大旱就是大澇，幾乎沒過上一天舒坦日子。改革開放以後，大的瞎折騰是沒有了，但是近幾年來地方上各種各樣的小折騰幾乎沒有斷過，究其原因，大部分都與為官者決策的隨意性、盲目性有著直接的關聯。

原文：東都旱

漢湣帝之季年，東都大旱，野草皆焦，昆明之池竭。洛巫謂其父老曰：「南山之湫靈物，可起也。」父老曰：「是蛟也，弗可用也，雖得雨必有後憂。」眾曰：「今旱極矣，人如坐爐炭，朝不謀夕，其暇計後憂乎？」乃召洛巫與如湫，禱而起之。酒未畢三奠，蛟蜿蜒出，有風隨之，颼颼然山谷皆殷，有頃雷雨大至，木盡拔，彌三日不止，伊、洛、瀍、澗皆溢，東都大困，始悔不用其父老之言。

遠見有多遠？

寓言：預而未遠

孔子的學生子游擔任武城宰的時候，城門外的小土山上棲居著一群鸛鳥。有一天，鸛鳥把窩都搬到了地勢較高的墓園門外，看守墓園的老人就向子游報告說：「鸛是一種能預測天氣的鳥兒，牠突然把窩搬到高處，說明這一帶要下大雨發大水了吧？」子游說：「有道理啊。」於是下令城中百姓準備好船隻，以防萬一。幾天後，果然大雨成災，河水氾濫，漫過了城門外的小土山，但雨還是下個不停，水快要淹沒墓園大門的外邊了，鸛鳥的窩翹翹然就要被沖走了，鸛鳥飛旋徘徊，哀哀長鳴，不知道該棲止在哪裡好。

子游說：「可憐啊，鸛鳥也算是有智慧的鳥兒了，只可惜牠還沒有足夠的遠見啊。」

（見《郁離子・玄豹第三・惜鸛智》）

心得

為官之人不能用行動取悅具體的每個人，那樣的話你就算忙死也照顧不過來，而要用富有遠見的政策措施來惠及你治下的所有老百姓。

上一節我們介紹了劉伯溫的寓言「東都大旱」，洛陽大旱，人們引蛟龍降雨排旱，結果水滿為患。劉伯溫的用意在於告誡為官者，凡事要慎之又慎，三思而行，切忌急功近利。而現在我們要介紹的這則寓言探討的問題是官員除了不可急功近利，還需要有足夠的遠見。

這則寓言題為「惜顫智」，即歎息顫鳥的智慧有限，雖有遠慮，可惜慮得還不夠遠。背後的意思是人有比顫鳥更高的智慧，做事情理應更有遠見。子曰：「人無遠慮，必有近憂」（《論語・衛靈公》），《中庸》上說：「凡事豫則立，不豫則廢」。儒家歷來是很重視所謂「長遠打算」的，孔子的學生子游曾經在魯國做官，劉伯溫的寓言以子游來說事，是要強調為官者必須具備審時度勢、長遠規劃的能力。

子產是春秋時期傑出的政治家，孔子對他評價很高。子產在鄭國當政時，有一年春天，河水漲了，百姓無法渡河，子產就用自己的座車把百姓一個一個載過河去。對於一國之相來說，這應該算是一件難得的親民之舉。雖說鄭國是個諸侯小國，但子產的職位至少也得相當於現今的一省之長吧，試想一下如果今天我們的某位省長竟然用自己的座車搭載普通百姓過河，那我們的電視、報紙還不得忙死？但子產的親民之舉卻受到了後世一位著名人物的質疑與批評。這個人就是儒家的「亞聖」孟子。孟子指出子產用自己的座車搭載百姓過河不過是對百姓施以小恩小惠，作為鄭國的相國，他應該在春天來臨以前就把河上的橋樑修好。如果子產能把自己份內的事情辦好，別說用不著讓百姓坐你的車過河，就是讓百姓為你避道而行都是應該的。所以，孟子說為官之人不能用行動取悅具體的每個人，那樣的話你就算忙死也照顧不過來，而要用富有遠見的政策措施來惠及你

治下的所有老百姓。（見《孟子・離婁下》）

仁是儒家的核心理念，儒家要求為官者要行「仁政」，孟子認為像子產那樣用自己的座車載人過河算不上仁政，仁政應該包含著為百姓整體利益、長遠利益做打算的政治智慧。這種政治智慧就是今天人們喜歡說的官員的「遠見」。對於為官者來說，只有具備前瞻性的思維方式，做出的決策既切合實際又有足夠的遠見，才能有力地維護和保障廣大百姓的權益。

關於官員的「遠見」，人們最為津津樂道的案例莫過於一八六七年美國花七百二十萬美元就從俄國人手裡買到了阿拉斯加，認為當時的美國國務卿西沃德是最有遠見的政治家。當然像這樣的案例是極個別的，世界上絕大多數官員都不會有做出這種決策的榮幸。

今天中國大陸的各級領導者，都十分講究決策的前瞻性，把遠見有多遠看作是決定未來發展前景的關鍵性因素。像不少關係國計民生的重要決策，在出臺前都要經過專家的反覆論證，充分考慮未來的發展需要，表明現在的很多官員是有責任感和遠見卓識的。

但是，官員們的表現也不都是那麼讓人樂觀的，現實生活中我們常常可以看到部分智慧還不如顴鳥的官員的精彩傑作。比如全中國各地隨處可見的「馬路拉鍊」現象，城市道路總是今日挖，明日填，挖後再填填後再挖，官員決策上的缺乏遠慮，給百姓生活帶來了數不清的近憂。有的地方道路、橋樑剛剛投入建設之時，都喜歡高調宣傳說是一百年不落後等等，而事實上開通不過三五年往往就堵得水泄不通，極端的甚至不得不炸毀重建。可見，我們的某些官員在長遠規劃方面的能力還是十分欠缺的。

除了隨意決策帶來的短視現象，我們還要看到另一種讓人擔憂的情況，那就是「遠見」遠得過了頭。有的官員好大喜功，以決策要有前瞻性為藉口，大搞大而無當、華而不實、不切實際、勞民傷財的面子工程、形象工程。比如安徽著名的大貪官王懷中在擔任阜陽地委書記時，竟然宣稱要把阜陽建成中國第一大城市，耗資三億多建了一個國際大機場，結果一天只能拉二十個旅客，勉強運營一年就被迫關閉，大機場變成了野鳥的樂園。王懷忠的遠見是夠遠了，遠到了一百年以外，可惜這樣的遠見實在不是百姓之福啊。

原文：惜鸛智

子游為武城宰，郭門之垤，有鸛遷其巢於墓門之表。墓門之老以告，曰：「鸛知天將雨之鳥也，而驟遷其巢，邑其大水乎？」子游曰：「諾」。命邑人悉具舟以俟。居數日，水果大至。郭門之垤沒，而雨不止，水且及於墓門之表，鸛之巢翹翹然，徘徊長唳，莫知其所處也。子游曰：「悲哉！是亦有知矣，惜乎其未遠也。」

史上最牛的「外科醫生」

寓言：郢人割癭

開封有個人脖子上長了個大瘤（古稱癭），腦袋都陷到肩胛裡去了，腫瘤都占到了頭的位置上，口目鼻耳都發揮不了作用。郢地的一位官員很同情他，想幫他取下大瘤。人們勸告郢人說：「這個大瘤割不得呀。」他不聽，固執地幫那人割下了大瘤。過了兩夜那人就死了。大家都責怪郢人，郢人辯解說：「我只想幫助他解除瘤子的病痛，現在他雖說死了，可是大瘤也沒了呀。」大家聽了都捂嘴暗笑。

有一天，楚國有人擔憂春申君專權，想勸說楚王殺了春申君。荀子聽說這件事說：「這不是郢人割瘿之類的事嗎？春申君擔任楚相不是一天兩天了，楚國的百姓最信任服從春申君，春申君一旦被殺，楚國就要完蛋，所以那些勸殺春申君的人是要教楚王學郢人割瘿啊。」

（見《郁離子・牧豭第十二・割瘿》）

心得

所謂旁觀者清，人在做傻事的時候，看在別人的眼裡一定很傻很天真，但自己往往渾然不覺，還以為自己很帥很牛很給力。

郢人具有悲憫情懷，視他人的病痛為自己的病痛。可惜他缺少自知之明，沒有金鋼鑽，硬攬瓷器活，算得上是「好心辦壞事」的典型。

郢人眼裡只有瘤子，沒有生命，認識不到人的身體是各部位彼此聯繫的整體。割除那麼大的瘤子，就算在今天估計也是一個大手術，而「非專業人士」的郢人竟敢下手，稱得上膽大妄為的典型。劉伯溫的這則寓言表面上是譏諷郢人的愚蠢，實際上表達了事物普遍聯繫的樸素的辯證思想，郢人之失就在於以片面、割裂的眼光看待事物，用簡單、草率、粗暴的方式解決問題。寓言的第二段，劉伯溫舉了個郢人割癭式的歷史典故，春申君在楚國為相，權高勢大，楚王的身邊人擔心王權旁落，勸楚王殺了春申君，荀子評論此事說春申君權勢過大對楚王當然不是一件好事，可是一旦殺了春申君則有亡國之虞。到時楚國都完蛋了，楚王又到哪裡去當君王呢？所以，荀子認為出這個主意的官員跟郢人一樣愚蠢。劉伯溫藉此告誡後世的為官之人處理政務必須全面綜合地考慮清楚事物的前因後果，三思而後定，萬不可如郢人割癭般「只見瘤子，不見生命」，愚而自用，妄言妄行。

當我們初讀這則郢人割癭的寓言，會感覺這個膽大妄為的郢人非常可笑，會懷疑現實生活裡怎麼可能有這樣的人呢？

然而，如果我們用心去觀察，其實在我們的周圍，郢人割癭式的現象比比皆是。當我們在嘲笑郢人的愚昧滑稽時，說不定我們自己正幹著郢人割癭式的傻事，只是我們自己沒有察覺而已。就像卞之琳的詩中寫的那樣「你站在橋上看風景，看風景的人在樓上看你。」所謂旁觀者清，人在做傻事的時候，看在別人的眼裡一定很傻很天真，但自己往往渾然不覺，還以為自己很帥很牛很給力。今天我們觀察現實生活裡很多官員的作為，其實都能看出郢人的影子來，只是他們自己可能認識不到或者不願承認，他們的自我評價總是既睿智而又英明的。

若干年前政府的有關部門開始把汽車產業確定為國民經濟的支柱產業，大幹快上，短短幾年，中國的城市鄉村已經奔跑著世界上幾乎所有品牌的汽車，二〇一〇年中國內地汽車產銷量超過一千八百萬輛，遠遠超過美國成為全球最大的汽車市場。可是制定汽車產業政策的官員們卻忘記了小汽車不是火柴盒，人民群眾買了小汽車是要開的，必須得有足夠的空間來運行它們、來擺放它們，而現有的基礎設施和交通管理能力根本就承受不起汽車業的「跨越式」發展。結果是全中國中等以上城市幾乎無一例外地都成了「堵城」，北京當仁不讓成為了「首堵」。有一位網友這樣描寫北京堵車的情形：「一場小雨，足以擊癱北京的交通。如果你坐車從團結湖路口穿過長虹橋到工體西路，短短三公里，你可以打開《三國演義》，從桃園三結義看到關公走麥城，車都到不了。恍惚間，你會覺得長虹橋變成了長阪坡，眼前塞滿了曹操的八十萬大軍。」網友的話說得尖刻了些，卻準確地反映了北京人身陷堵車之苦的無奈與憤懣。發展汽車業本來應該給人民帶來便利，結果卻使城市陷入癱瘓。這樣的苦果，不就是我們某些自以為高明的官員親手種下的嗎？在他們的眼裡是「只見汽車，不見城市」，相比郢人的「只見瘤子，不見生命」，我實在看不出兩者有多少差別來。

辯證法認為世界上的事物之間以及事物內部各要素之間都存在著相互聯繫、彼此制約的關係。我們的許多官員理論素養不足，不能用聯繫的觀點看待事物和處理問題，「頭痛醫頭，腳痛醫腳」，不僅僅是汽車產業政策如此，近年來政府出臺的不少政策都存在郢人割癭式的毛病，只不過有些問題突出些，有些問題小一些罷了。

除了政策層面，我們的官員在具體的行政過程中犯郢人割癭式毛病的就更多更普遍了，各種媒體上幾乎天天都能看到類似的報導。一些官員處理問題簡單粗暴，動不動就封殺、禁絕、取締、關閉，犯了郢人割癭式的毛病還不自知，以為自己是雷厲風行的英雄呢。比如某地發生了煤礦安全事故，往往第二天就聽到新聞說領導命令全省所有的煤礦一律停產整頓；某地因網吧存在較多負面問題，主要領導竟然要取締所有網吧等等。如此簡單粗暴、恃強而為的行政管理手段，「在倒洗澡水時連同嬰兒一起倒掉」，說明當前官員素質仍然是個大的問題。面對問題，不論青紅皂白，動輒一悶棍打死，趕盡殺絕，造成一些地方社會矛盾無法有效紓解，局面不可收拾，結果只能如割癭的郢人徒留笑柄在人間。

原文：割癭

夷門之癭人，頭沒於胛，而癭代為之元。口、目、鼻、耳俱不能為用，郢封人憐而為之割之。人曰：「癭不可割也。」弗聽。卒割之，信宿而死。國人尤焉，辭曰：「吾知去其害耳，今雖死，癭亦亡矣。」國人掩口而退。他日，有惡春申君之專者，欲言於楚王使殺之。荀卿聞之曰：「是不亦割癭之類乎？春申君之用楚非一日矣，楚國之人知有春申君而已，春申君去，則楚隨之，是子又欲教王以割癭也。」

人的智慧比得過螞蟻嗎？

寓言：離公修城

莒國的國君離公要比照晉國的國都絳城的樣子修築莒國國都的城牆。

正輿大夫進諫說：「晉國是天下的大國，修建絳都尚且用了三年的時間，百姓不堪忍受，又何況咱們小小的莒國呢？莒國之小還不到晉國的百分之一，以一企百，這和用羊羔拉象車有什麼不同呢？再說即使城牆修成了還得百姓守衛啊，把莒國全部的人都用上，也不到晉國一個城的人多，戰事一起，即使集全中國之百姓也只夠守城的一面，其餘三面就沒有人把守了，又如何效仿人家呢？」

離公於是降低標準，按照絳都的三分之一修建新城，全中國老百姓不論老幼都被徵調服勞役，修了五年，還未完工。楚國軍隊打過來，滿懷怨憤的百姓不戰就潰散了。

君子說：「這位離公的智慧還不如螞蟻呢，螞蟻都知道按照蟻群裡螞蟻的多少而築穴，有緊急情況就轉移，轉移時每隻螞蟻各司其職。如今離公領導國家卻不懂得量力而行，國家又怎麼會不滅亡呢？

（見《郁離子・公孫無人第十三・城莒》）

心得

審時度勢，量力而行，是一個政治家必須具備的素質。離公好大喜功，罔顧民生，終致亡國的故事，足以為當代為官者誡。

歷史上並沒有楚國滅莒的事，所謂莒國、離公、正輿大夫之類都是劉伯溫的虛構。但歷史上因為統治者的好大喜功，罔顧民生，終致亡國的事情其實是經常發生的。

秦與隋兩個王朝都只曆二世而亡，其滅亡的原因也差不多。秦時修建的長城、秦陵、兵馬俑，隋時開通的大運河，在今天都被我們看作是古代勞動人民智慧的結晶，是我們中華民族的象徵與驕傲。但是在當時社會生產力條件下，秦始皇與隋煬帝要興建規模如此浩大與繁複的工程，需要大量的人力物力，遠遠超出了人民所能承受的極限，沉重的賦稅與不息的徭役壓得人民喘不過氣來，成了社會激烈動盪的根源，天下大亂，群雄並起，最終導致王朝的覆滅。

在「劉伯溫說人才之道」裡我曾經提到三國裡蜀國最先敗亡的一個重要原因是人才的斷

檔，後繼無人。蜀亡另外一個更加直接也更加深層次的原因是諸葛亮的好大喜功。著名作家李國文先生在《李國文讀史》一書中以「諸葛亮難辭蜀亡咎」為題，批評諸葛亮不顧民窮兵疲的客觀現實，窮兵黷武，連年征戰，耗盡國力，是導致蜀國過早敗亡的根本性原因。李國文指出：「審時度勢，量力而行，是一個政治家必須具備的素質」。而諸葛亮「一不顧國力強弱，二不顧民心向背，三不顧敵方虛實，四不顧周邊環境，就要向曹魏挑戰，實屬冒進行為」。李先生進一步分析諸葛亮之所以不聽勸諫，一意孤行，是有其深層次的心理因素的。這就是像諸葛亮這樣的領袖人物都會有的一種「功名慾，不朽慾，樹碑慾」，一種追求身後「留名萬世的情結」。孔明認為曹操死後，魏國再無足堪較量的對手，過於輕敵，過於躁急，想打開蜀國的封鎖局面，想在自己的有生之年實現光復漢室的政治理想。儘管當時蜀軍剛剛勞師遠征、七擒孟獲歸來，蜀中百姓人心思安，急需休養生息，但諸葛亮為了追求不朽聲名，還是執意六出祁山，北伐中原，最終不但自己「出師未捷身先死，長使英雄淚滿襟」，也使蜀國成了三國中最先滅亡的一方。

諸葛亮作為一位「鞠躬盡瘁，死而後已」的千古典型，其偉大的人格，當然值得後世景仰。但他後期好大喜功不顧蜀中百姓死活，堅持錯誤的北伐政策，和劉伯溫寓言裡的這位離公一樣不知「審時度勢，量力而行」，又是足可以為後世誡的。

劉伯溫寫作離公修城的故事，當然是看到了歷史上許多類似的沉痛教訓，在他所熟悉的元末官場上肯定也目睹了許多好大喜功的離公式人物，所以他是有感而發。而今天的我們仍然從中讀出了「心有戚戚」的感受，大概也是因為在現實生活中，我們依然能夠時不時地看到離公式人物的身影。這些離公式人物亂行政亂作為的背後，潛藏著的也一定是「功名慾，不朽慾，樹碑慾」。

安徽阜陽市在全中國不算發達，阜陽市的潁泉區更是安徽的省級貧困區（縣），財政入不敷出，二〇〇一年財政收入五千七百萬元，當年全區的工資支出卻達一億多人民幣。比起發達地區，這個潁泉區就是「蕞爾莒國」。但就是這個「蕞爾莒國」，其「國君」、區委書記張治安卻決定從二〇〇一年開始修建一座造價三千餘萬元的辦公樓，二〇〇四年落成，建築宏偉，通體雪白，人稱「白宮」。

政府有錢蓋「白宮」卻沒錢蓋學校，阜陽市潁泉區楊莊小學年久失修只好申請國際援助。二〇〇六年春天，日本人水谷准來到楊莊小學考察，看是否對這個學校進行國際援助。他看到這座被莊稼包圍的小學，校舍都是危房，房頂和牆壁到處是裂痕，桌椅破舊。

當他乘計程車離開阜陽時，卻看到了距楊莊小學十幾公里的潁泉區政府那座豪華的「白宮」。

日方最終還是撥給楊莊小學八萬多美元的援助資金。

水谷准回國後在日本《產經新聞》發表文章回憶了自己的阜陽之行，對當地政府有錢建白宮式辦公樓，卻無力改善一所農村小學的基本設施表達了質疑。

古代的離公好大喜功，罔顧民生，最後亡了國；當代的離公好大喜功，罔顧民生，最後把中國人的臉丟到國際上了。

像這樣的例子還有很多很多，不勝枚舉。中國大陸近年來保持了較快的發展速度，國力日益增強。但底子仍然很薄，地區發展還很不平衡，實在沒有多少家當可以讓離公式的官員肆意揮霍啊。為官者都應從離公修城失人心的寓言中得到教益，真正落實科學發展觀，把有限的財力用到民生工程、民心專案上，少搞，最好乾脆不搞勞民傷財的形象工程、面子工程，那樣才能凝聚民心，共建和諧社會。

原文：城莒

莒北離公城莒視絳都，正輿大夫諫曰：「晉，天下之大國也，而作絳都，三年然後成，民猶弗堪，而況於莒乎？蕞爾國於晉不百一，以一企百，何異乎以羔服象乘乎？且城成而與守者，民也。悉莒國之人不直晉一邑，而矧敢視絳。苟有事焉，民集於一隅，三則否矣。」乃損而參之，盡役其老幼，五年而不畢。楚師伐之，民不戰而潰。

君子謂莒北離公之智不如蟻。蟻計其徒之多寡以作室，有戒則徙，徙各執其事，有蚔者負其蚔以行。今離公為國而不量其力，不喪何待？

一個人跟一堆人下棋，誰會贏？

寓言：主一不亂

屠龍子和都黎下棋，都黎連敗數局。棋館老闆同情都黎，就在邊上幫助他，結果又敗了。觀棋的人都感到驚愕，全在那裡給都黎出主意。屠龍子的隨從建議主人別下了，他說：「我聽說過寡不敵眾這個詞兒，您看現在都黎彙集了眾人的智慧，我擔心您再下就要把前面贏的都輸回去了。」屠龍子不應聲，坐著不動照舊下棋。結果都黎又大敗，觀棋的人面面相覷，拿著棋子兒互相埋怨。讓他們再下，卻都不敢下了。

隨從高興地說：「您老夫子的棋藝真是出神入化啊！」

屠龍子說：「並不是我的棋藝特別高啊。你看過野獸搏鬥嗎？那野獸中老虎最兇猛，如果以虎鬥虎，那麼一隻虎敵不過一群虎，是明擺著的；如果拿狐狸跟虎鬥，那麼即使一千隻狐狸，又怎麼能鬥得過一隻猛虎呢？狐狸越多反而越容易自亂陣腳呀。從前六國以合縱對付秦國，秦國的謀士讓秦王用連衡反制六國，六國果然如謀士所預言的那樣被秦國所滅。現在下棋，也是如此。

我曾經在田野裡看到一條雙頭蛇，牠的一個頭要向東，另一個頭要往西，兩個互相牽扯，折騰了一天也沒離開原地，我看了為牠感到可悲。所以建造大屋的時候，工匠即使再多，也必須有個大師傅在那兒主事，沒有他發話誰也不敢輕舉妄動；大船出行，船工再多，也必須有個舵手在那裡指揮，沒有他指示方向，船工誰也不敢行船。因此視聽專一，事情就不會覆敗，四海的百姓聽命於一位君主，天下就安定；百萬軍隊聽命於一位統帥才能打勝仗。而剛才我跟都黎下棋的時候，他們人多嘴雜，意見不一，就算讓棋王奕秋來下，也有失敗的可能啊，何況是都黎這樣的泛泛之輩呢？所以我還有什麼可擔心的呀？」

（節譯自《郁離子・省敵第九・屠龍子與都黎奕》）

心得

在激烈的社會轉型期，各種問題與矛盾前所未見的複雜多變，特別需要為官者具備高屋建瓴的寬闊視野和乾淨俐落的決斷力。

打架人多勢眾行，下棋可未必。三個臭皮匠能頂一個諸葛亮，可三個臭棋簍子可能還不如一個臭棋簍子呢。下過棋的人都會有這樣的生活經驗。劉伯溫寫的這段下棋的故事，很生動，也符合實際生活。當然他要說的道理還是為官之道，他認為「主一不亂」很重要，「眾人之多疑，不如一人之獨決」，關鍵時候的決斷力是為官者應具備的重要素質。拿今天的話說就是為官者要多謀善斷，敢拍板，能拿大主意。

今天我們正處於激烈的社會轉型期，各種問題與矛盾前所未見的複雜多變，如何面對和處理好這些問題與矛盾，特別需要為官者具備高屋建瓴的寬闊視野和乾淨俐落的決斷力。

如果碰到棘手問題或者遇上麻煩事，領導者吱吱唔唔，粘粘糊糊，躲躲閃閃，優柔寡斷，沒有一個准主意，左討論右研究，抓不住主要矛盾，拿不出主導意見，必然使下屬思想混亂，無所適從，事情就會向更壞的方向發展，甚至可能導致不可收拾的局面。這方面我們是有過不少深刻教訓的。比如二〇〇八年貴州的甕安事件，在事件發生之前的許多年裡，該縣就一直存在社會矛盾錯綜複雜、幹群關係十分緊張的嚴重問題，但縣裡的領導者唯唯諾諾，拖拖拉拉，長期不敢正視問題，沒有採取果斷措施消除矛盾，結果一名中學女生溺亡的偶然事故就像導火索一樣，引爆了群眾長期積累的不滿和怒火，一場嚴重的衝擊國家機關的打砸搶燒事件不可避免地發生了。可見領導者「當斷不斷」，其結果一定是「反受其亂」。

凡事過猶不及，就中國大陸當前的政治現實而言，由於體制內民主與監督的因素嚴重不足，過分強調領導者的決斷力有帶來獨裁的危險，可能會威脅和損害人民群眾的利益。這方面的教訓當然更多，也更加慘痛。好的決斷力是領導者長期工作學習中形成的經驗與智慧的集中體現，它是有特定的內涵的。

好的決斷力首先來自於領導者的高度責任心。沒有事業的使命感和責任心，對工作就不會盡心、盡力、盡責，凡事敷衍了事是做不出好的決斷來的。

好的決斷力還必須建立在民主的基礎上。決斷不是獨斷與武斷，要求領導者具備一定的決斷力，並不意味著他可以專橫霸道，信口開河，為所欲為。東漢末年，群雄並起，當時實力最強的要算是出身四世三公，坐擁冀青幽並四州的袁紹。官渡之戰時，袁紹手下擁有第一流的謀士沮授與田豐，可惜他們的建言獻策，袁紹一概不聽。結果只在三天之內，袁紹的十萬大軍被曹操打得只剩下八百人，最有實力問鼎的一號種子成了第一個出局的倒楣蛋。可見，所謂的「主一不亂」決不是領導者的一意孤行，決斷力也不是剛愎自用。一切老子說了算，聽不進任何的不同意見，結果只會帶來失敗。

領導者的高明不在於一切決策都出於自己的頭腦，而在於能夠集思廣益，廣泛聽取下屬和群眾意見，並從盡可能多的不同意見中，篩選取捨，選擇出最佳決策方案。仔細分析一下，一堆人下棋之所以贏不了一個人的原因大致上有兩條，一是在一旁出主意的「謀士們」本身棋力有限，沒有為「主將」提供真正有用的高招；二是「主將」不具備殺伐決斷的能力，不能從「謀士們」提供的方案中得到有益的啟示，並迅速作出好的判斷。只要解決好以上這兩條，一個擁有睿智決斷力的領導加上一堆聰明的參謀，不論下棋還是幹別的什麼事，都要遠遠勝過單槍匹馬。

原文：屠龍子與都黎奕

屠龍子與都黎奕，都黎數敗。館人憐而助之，又敗。觀者皆愕，胥助焉。從者請已，曰：「吾聞寡不敵眾，彼方鳩群知，吾憂子之不勝以圮前勞也。」屠龍子弗應，坐而奕如故。都黎乃大敗不能支，助者相顧皆失色，執子以詬。使復之，俱弗敢矣。從者喜曰：「神矣哉，夫子之奕也！」屠龍子曰：「未也，子不觀夫鬥獸乎？夫獸虎為猛，今以虎鬥虎，則獨虎之不勝多虎也，明矣；以狐鬥虎，則雖千狐其能勝一虎哉？多愈見其自亂也。昔者六國合從以擯秦，辯士之為秦者連衡喻之，六國果不勝，如辯士言。今者之奕，猶是也。吾嘗行於野，見兩頭之蛇，其首一東而一西，二首相掣，終日不能離其處。吾觀而悲焉。故為臣室者，工雖多必有大匠焉，非其畫不敢裁也；操巨舟者，人雖多必有舵師焉，非其指不敢行也。故視聽專而事不僨，是故四海之民聽於一君則定，百萬之師聽於一將則勝。《易》曰：『長子帥師，弟子輿屍，凶。』《詩》曰：『如彼築室於道謀，是用不潰於成。』雖使奕秋為之，猶當敗也，而況非奕秋者乎？吾何惴焉？」

是要貓，還是要雞？

寓言：趙人乞貓

趙國有個人苦於鼠患成災，就到中山國找人討了一隻貓。這隻貓善於捕老鼠，也喜歡吃雞。一個多月後，老鼠被捕淨了，但他家的雞也全被吃光了。

他的兒子很惱火，便對他父親說：「為什麼不把這隻饞貓趕走呢？」

父親說：「這就是你不懂的啦，我擔憂的是家中老鼠成災，而不是沒雞吃。家裡有老鼠，就會偷吃我們的糧食，咬壞我們的衣服，鑽通家裡的牆壁，毀壞家裡的東西，我們就要忍凍挨餓了。這不比家裡沒有雞更可怕嗎？沒有雞，不吃雞就是了，離饑寒交迫還遠著呢。所以，我們怎麼可以趕走貓啊？」

（見《郁離子・枸櫞第六・捕鼠》）

心得

每個人都有權利從自己的角度來考慮問題，在法律允許的範圍之內，他完全可以做出符合自身利益最大化的選擇。但是掌握公權力者卻不然，公權力的行使必須符合權力授予人的利益最大化。

除了進入教科書的《賣柑者言》，「趙人乞貓」應該是劉伯溫寓言裡最為今人所熟知的一則了，記得改革開放初期的某年，曾被選為高考語文的題目。在「劉伯溫說人才之道」裡我曾經提到過這則寓言，指出寓言裡的父親是個「好領導」，懂得發揮人才的長處，包容人才的短處。今天我們從為官之道的角度來解讀這則著名的寓言。

是要貓？還是要雞？這是個問題。

人生不如意事常八九，為人也好，為官也罷，完美主義者往往輸得很慘。許多時候，人必須做出非此即彼的艱難抉擇。

趨利避害是人的本能，「兩害相權取其輕，兩利相權取其重」，面對人生當中遇到的種種相類似的問題，按道理每個人做出的選擇應該都是相似的。但事實上人們做出的選擇永遠各不相同，因為人們對利與害的見解永遠各不相同。

父親是站在家長的角度考慮問題的。認為無雞吃，不過少了口腹之樂，沒有貓則老鼠為患，全家會有衣食之憂，故寧捨雞而不捨貓。

而兒子的選擇也不能說是錯誤的，只不過他是從自身所處立場出發，得出了符合他自身利益的結論。父親是當家的，他要考慮全域性問題，全家的溫飽是第一位的，所以他只能捨雞而取貓。而兒子不當家，不用管全家將來的衣食飽暖。對兒子來說，家裡有幾隻老鼠不算什麼事，而沒有雞吃就少了一件人生樂趣，顯然很鬱悶，所以他主張趕走中山貓。

記得我在中學讀書時，政治課考試也曾經用這則寓言出過題目。問我們這個故事反映了什麼哲學問題，答案是反映了唯物辯證法關於事物內部主要矛盾與次要矛盾的關係問題。具體的解釋大概是鼠患是趙人家的主要矛盾，有沒有雞吃是次要矛盾，父親的做法抓住了事物的主要矛盾，而兒子只抓住了次要矛盾。

實際上，現在來看，趙人父子倆的選擇並無所謂對與錯，區別只在於兩人所處的位置不同，觀察與判斷事物的角度與立場也就不同。其實，趙人的兒子從他自己的角度來說他認為吃雞比滅鼠重要，不也是抓住了主要矛盾嗎？

現代倫理學認為，每個人都有權利從自己的角度來考慮問題，只要不損害他人利益，在法律允許的範圍之內，他完全可以做出符合自身利益最大化的選擇，這是無可厚非的。但是掌握公權力者卻不然，公權力的行使必須符合權力授予人的利益最大化，所以他對事物的判斷與選擇絕對不能從自己一人或某一小團體的利益出發。從角色定位來說，手握公權力的為官者就像寓言裡一家之主的父親，而普通公民就像寓言裡的那個兒子。兒子完全有權利提出趕走那隻饞嘴貓的建議，但父親卻不能這麼做，因為他是家長，擁有全家所有資源的支配權，他必須維護全家人的利益，要為全家人未來的溫飽問題負責。

多少年以來，老百姓喜歡把主政一方的官員稱作父母官。這個稱呼難免帶有封建殘餘的味道，但也真實地反映了老百姓對官員寄予的美好願望，他們渴望官員們能擁有「愛民如子」的情感，能負起「為民做主」的責任，就像寓言裡的這位父親一樣遇事首先想到的不是自己有沒有雞吃，而是全家老小的生計問題。讓人深感憂慮的是現在我們國家的問題恰恰就在於角色的錯亂，做父親的也像兒子那樣思考問題，把兒子的主要矛盾當成了自己的主要矛盾。某些父母官們，只想著享受作為一家之長的種種好處，卻不願意承擔作為一家之長的種種責任。

出於預防腐敗的考慮，目前中國大陸對於主政一方的「父母官」實行異地任職制度，父母官在某地任職一般最多三五年，要想晉升就得在任期之內快出政績，而且得是看得見的「顯績」。ＧＤＰ就是典型的「顯績」。生產總值多少，增長率有多少，都有統計資料為證；此外，ＧＤＰ增長帶動起來的人均收入的增長、就業的增長、財政收入的增長等也都是顯性的「政績」。要拉動ＧＤＰ就要招商引資，好的專案不容易找，能快速引進、快速見效的就是三高（高能耗、高物耗、高污染）專案。短短數年ＧＤＰ高速增長了，經濟實現跨越式發展了，有功之臣上調高升，拍拍屁股走人了。然而，幾年之後當地呢，可能水黑了，山禿了，空氣髒了，生態環境不可逆的惡化了。這樣的事情在全中國許多地方都發生了而且正在繼續發生。

這些「唯GDP論」的父母官，事關他們個人前途的「主要矛盾」算是牢牢抓住了，可是事關一地未來可持續發展的「主要矛盾」呢，顯然是放棄了。在雞與貓之間他們選擇的是痛痛快快地吃雞，至於趕走了貓以後，會否鼠患成災他們才懶得管呢。

原文：捕鼠

趙人患鼠，乞貓於中山，中山人予之。貓善捕鼠及雞，月餘，鼠盡而其雞亦盡，其子患之，告其父曰：「盍去諸？」其父曰：「是非若所知也，吾之患在鼠，不在乎無雞。夫有鼠則竊吾食，毀吾衣，穿吾垣墉，壞傷吾器用，吾將饑寒焉。不病於無雞乎？無雞者弗食雞則已耳，去饑寒猶遠，若之何而去夫貓也？」

您得罪的不是一堆石頭，是人心

寓言：泗水美石

泗水沿岸盛產美石。孟嘗君做了薛公，就派使者帶著錢到那兒收購美石。泗水兩岸的人們問他：「您準備用這石頭做什麼呢？」使者回答道：「我家公子被封在薛地，準備舉行宗廟祭祀，需要編排高雅音樂，沒有貴地的美石，就不能製成奏樂用的磬，所以公子派我來敬請鄉親們幫忙辦這件事。」

泗水兩岸的人們聽了非常高興，連忙把情況向鄉里的父老稟告，父老帶領眾人沐浴更衣，畢恭畢敬地款待了使者，然後派十輛車把美石運送到了孟嘗君的府上。孟嘗君把送石頭的鄉親們安頓在館舍裡，卻隨隨便便地把美石置放在院門外。幾天後，剛巧內宅的墊柱石裂了，孟嘗君就讓下人拿泗水美石去替換。送石頭的鄉親們很生氣，責備孟嘗君說：「我們泗水沿岸的美石，是受天地之靈氣而生。從前大禹治水時祭祀宗廟，都要用它為標準來調和八音。美石是神靈的恩賜，我們對待美石從來不敢輕慢啊。您讓使者來向我們求購時是說要用它來祭祀宗廟的，我們鄉下人害怕您的威勢，不敢不供給，只好齋戒沐浴之後，恭恭敬敬地把美石運送給您，而您卻把美石放在院子外面，不知道您要拿它做什麼，我們也不敢問。可是現在從館人那裡聽說您要用它做墊柱石，我們聽了實在不敢相信。」說完他們就不辭而別了。

館舍裡來自各諸侯國的賓客聽說了此事也紛紛離去。秦國和楚國得知消息，就合謀討伐齊國。孟嘗君非常惶恐，連忙派車馬去追回泗水的鄉親，孟嘗君親自迎接他們，並以隆重的禮儀把美石送到廟堂，用它做磬。諸侯各國的賓客聽到這個消息又都回來了，秦、楚的兵患也解除了。

（見《郁離子・枸櫞第六・泗濱美石》）

心得

孟嘗君僅僅是輕慢了一堆石頭，就失信於天下賢才，險些釀成家國大禍。故事告訴我們，為官者在涉及誠信的問題上千萬不可不慎，要時刻想著維護好老百姓對國家的信任，因為這是一個國家立足的根本。

劉伯溫的這則寓言談的是為官者的誠信問題。「信」是儒家最重要的概念之一，所謂「一言興邦，一言喪邦」，儒家系統是十分看重「言而有信」的。

儒家主張為人要講信用，子曰：「人而無信，不知其可也。大車無輗，小車無軏，其何以行之哉？」（《論語‧為政》）孔子是說，人如果沒有信用，我都不知道他該怎麼辦了，就好像牛車沒有套牛的橫桿，馬車沒有套馬的掛鉤，如何在世上行走呢？孔子的學生子夏也說：「與朋友交，言而有信。」（《論語‧學而》）孔子還進一步把人民對國家的信任看作是國家生存的根本。《論語‧顏淵》記載，子貢問孔子管理國家的道理，孔子回答只要辦好三件事就行了，「足食，足兵，民信之」，意思是一要解決好人民的吃飯問題，讓人民豐衣足食；二要建立一支強大的國防力量；三要得到人民的充分信任。子貢問，這三件事萬一沒有辦法全辦到，必須去掉一件，該先去掉哪一件呢。孔子很乾脆，「去兵」，軍隊的事先放一放。子貢又問，萬一還不行，剩下的兩件事去掉哪一件呢。孔子依然乾脆，孔子說「去食，自古皆有死，民無信不立」，經濟建設緩一緩，人都是要死的嘛，大家窮點不怕，但失去了人民的信任，國家可就沒有立足之地了。

那麼如何贏得百姓對國家的信任呢，孔子說：「不信民不從也。」（《左傳‧昭公七年》）又說：「上好信，則民莫敢不用情。」（《論語‧子路》）意思都是說要取得百姓的信任，為政者自身必須有信用。也就是說，為政者與百姓之間的信任應該是相互的、雙向的。如果官員們個個言無而信，像騙子一樣，卻要求百姓無條件地信任政府、擁護政府，則無異於緣木求魚，是不會有好結果的。

劉伯溫寓言裡的孟嘗君以祭祀祖宗為名到泗水兩岸搜羅美石，卻把泗水百姓送來的美石不當回事，隨便堆放，胡亂取用，在自己看來不過是件小事，但看在泗水百姓眼裡卻是不可原諒的失信之舉。送石頭來的百姓感覺很受傷，住在館舍裡的門人也對孟嘗君很失望，紛紛捲鋪蓋走人，造成局勢混亂，差點引來戰爭。作為一國之相，孟嘗君僅僅是輕慢了一堆石頭，就失信於天下賢才，險些釀成家國大禍。故事告訴我們，為官者在涉及誠信的問題上千萬不可不慎，要時刻想著維護好老百姓對國家的信任，因為這是一個國家立足的根本。

今天政府主張要建設和諧社會，我以為和諧社會首先得是個誠信社會。如果社會上到處騙子橫行，爾虞我詐，人人自危，彼此提防，那麼，這個社會還有什麼和諧可言嗎？而要打造誠信社會，必先打造誠信政府，政府的誠信與否，則取決於每一位政府官員的誠信問題。

讓人擔憂的是當前一些政府官員的誠信度遠未達到群眾的預期。常見的現象是，某些政府官員對群眾當面信誓旦旦，背後信義全無；更有甚者，一些官員將一時的承諾作為糊弄群眾的權宜之計和機巧手段，從根本上損害了群眾的切身利益。比如某地官員先許以種種優惠政策招商，將投資者引來之後，又出爾反爾，不兌現事先的承諾甚至幹出坑害投資者的事情；又如某基層政府長年在一小酒館吃喝打白條，數年不兌付，竟把小酒館生生吃垮了。

更典型的是某地一名副縣長，農民工向他反映被拖欠工資十三多萬元的問題，他書面承諾：三天之內解決，否則從縣財政支出。結果拖了一年多，也沒幫農民工解決，當記者採訪他時，他輕描淡寫地說，當時就是想讓農民工回去就算了，並沒有財政出錢那麼回事啦。

政府官員諸如此類言而無信的表演，損害的是政府的權威和公信力。政府信用破產了，政府領導管理社會生活的職能就會癱瘓，又談何構建和諧社會呢？

原文：泗濱美石

泗水之濱多美石。孟嘗君為薛公，使使者求之以幣。泗濱之人問曰：「君用是奚為哉？」使者對曰：「吾君封於薛，將崇宗廟之祀，制雅樂焉，微君之石，無以為之磬。使隸人敬請於下執事，惟君圖之。」泗濱人大喜，告於其父老，齋戒肅使者，以車十乘致石於孟嘗君。孟嘗君館泗濱人而置石於外朝。他日下宮之 闕，孟嘗君命以其石為之。泗濱人辭諸孟嘗君曰：「下邑之石，天生而地成之。昔日禹平水土，命後夔取而薦之郊廟，以諧八音，眾聲依之，任土作貢，定為方物，要之明神，不敢褻也。君命使者來求於下邑曰：『以崇宗廟之祀』，下邑之人畏君之威，不敢不供，齋戒肅使者致於君。君以置諸外朝，未有定命。不敢以請。今聞諸館人曰『將以為下宮之 』，臣實不敢聞。」弗謝而走。諸侯之客聞之皆去。於是秦與楚合謀伐齊。孟嘗君大恐，命駕趨謝客，親禦泗濱人，迎石登諸廟，以為磬。諸侯之客聞之皆來，秦、楚之兵亦解。君子曰：「國君之舉不可以不慎也，如是哉！孟嘗君失信於一石，天下之人疾之，而況得罪於賢士哉！雖然，孟嘗君亦能補過者也。齊國復強不亦宜乎？」

離婚了，就別說前夫的壞話

寓言：郤惡奔秦

秦、楚兩國的關係惡化了，楚國一名叫郤惡的官員投奔了秦國。他在秦王那裡說盡了楚國的壞話，秦王聽了很高興，準備賜給他爵位。

大臣陳軫對秦王說：「我的家鄉有個婦女被丈夫休了，她改嫁別人後，就每天跟後夫說前夫的不是，她的行為很得她後夫的歡心。後來，她又被後夫拋棄了，就嫁給了城南的一個鄉下人，她又像先前那樣對後夫說前夫的壞話。那個新丈夫把她說的話告訴給了她的第二個丈夫，二夫笑著說：現在她對你所說的這些話，就像先前對我說的一樣啊。如今郤惡從楚國來，就極力地說楚國的壞話，倘若以後他得罪了大王跑到別的國家去，那麼他將會用詆毀楚國的那一套轉而來詆毀大王您。」秦王聽後就疏遠了郤惡。

（見《郁離子・枸櫞第六・郤惡奔秦》）

心得

古往今來許許多多的大人物其實都是聰明人，心裡是分得清君子小人的。但是喝多了小人的迷魂湯，就像抽煙吸毒上了癮，從生理到心理都已離不開小人，理智只能讓步於情感，小人的常紅不倒也就不足為奇了。

這則寓言原文只有短短百餘字，卻寫活了好幾個人物的性格。

郤惡是個人才，可惜是個厚黑學的人才。他深諳生存之道，到了新主那兒，得說新主喜歡聽的。秦楚交惡，秦王所恨者楚也，郤惡自楚國來，當然瞭解楚國和楚王的種種短處，所以他能說盡壞話，而且說得生動真實，活靈活現，秦王果然喜歡聽，龍心大悅，馬上就要封賞於他了，如果不是半路殺出個陳軫來，郤惡的目的就達到了。

陳軫是個聰明人，他給秦王講了個絕妙的故事，那個三嫁的婦女形象太給力了，一下子就把郤惡的小人形象固定了下來。秦王聽了想必心裡一定咯噔了一下，慶幸自己差點上了小人的當，還好明白的還不算晚。試想，如果陳軫一上來就給秦王講一大堆「近君子遠小人」之類的大道理，恐怕秦王沒聽完就要皺眉頭，一不高興陳軫小命都難保。在封建專制時代，一切人等的生殺予奪均操之於帝王。古代的文人謀士由於擔心帝王喜怒無常，一言不慎就惹來殺身之禍，他們在向帝王進言時一般都非常注意技巧，為了既能讓帝王聽得進去自己的勸諫，同時又能保得住自己的腦袋，他們經常採用的辦法就是給主子講故事。所以讀中國的史書你會發現古人裡講故事的高手特別多，諸子百家個個都是講故事的高手。劉伯溫寫作《郁離子》是為了給未來的統治者提供建言，他也主要採用了以寓言故事來闡述道理的形式。今天的為官者無論是向上級彙報，還是給下級講話，都是千篇一律，乾巴巴的幾條，他們真應該好好向古人們學習學習說話的技巧。

秦王是個「好領導」，他還聽得進陳軫的諫言，及時疏遠了小人。

我以為最後一點是尤其可貴的。古往今來許許多多的大人物其實都是聰明人，心裡是分得清君子小人的。但是喝多了小人的迷魂湯，就像抽煙吸毒上了癮，從生理到心理都已離不開小人，理智只能讓步於情感，小人的常紅不倒也就不足為奇了。唐玄宗之任用李林甫，乾隆爺之寵倖和珅，都是明知是小人就是離不開的典型例子。

在「劉伯溫說人才之道」那章裡，我曾經提到春秋時期齊桓公任用管仲為相，使齊國日益強大，終成五霸之首。到了齊桓公晚年，管仲要死了，臨終前囑咐齊桓公，我死之後你一定要把易牙、豎刁等幾個小人趕出朝廷。齊桓公問：易牙聽說我沒吃過人肉，就把自己剛出生的孩子煮了做成羹給我吃。難道這還不算是愛我嗎？管仲說：按照人之常情，天下沒有誰不愛自己的兒女，易牙連自己的親生骨肉都下得了毒手，他又怎麼可能愛國君您呢？齊桓公又問：豎刁為了親近我，把自己閹割了來侍奉我，難道這也不算愛我嗎？管仲說：按照人之常情，沒有誰不愛惜自己身體的，豎刁連自己的身體都不愛惜，又怎麼會愛國君您呢？齊恒公聽了默然無語。管仲死後，齊恒公果然把易牙、豎刁等一干小人逐出了朝廷。但是沒過多少日子，齊恒公感覺離開了易牙等人生活特別枯燥，茶飯不香，寢食難安，只好又把易牙他們給叫了回來。結局當然很淒慘，齊桓公後來果然死於易牙、豎刁等人製造的宮廷內亂，死後六七十天無人收屍。偉大如齊桓公者最後竟落得如此下場，說明一個身居高位者要擺脫小人的包圍何其難哉！寓言裡的秦王能夠接受陳軫的諫言，疏遠小人卻惡，大概也是因為他對卻惡的馬屁還沒上癮吧？

讀這則寓言，誰都看得出卻惡是個小人。可是現實生活中的卻惡並不容易看得清。像卻惡那樣品質惡劣的宵小之徒正活躍在今日的官場上下。他們往往有超常的揣摸能力和過人的觀察能力，好像領導肚裡的蛔蟲，領導需要什麼，小人就會提供什麼；領導愛好什麼，小人就會喜歡什麼；領導反感什麼，小人就會厭惡什麼。

但小人的最大特點就是無恥，領導一旦成了「舊主」，小人說翻臉就翻臉，說出手就出手，什麼人情世故、三朋四友，什麼筲短簫長、海誓山盟，一切都會拋到九霄雲外。

那些正享受著小人的超級迷魂湯的領導們，不可不慎啊。

再說點題外話。離婚了，在後夫那裡說前夫的壞話固然不可取，但在後夫那裡說前夫的好話同樣是愚蠢的。一是後夫未必喜歡聽，他會在心裡嘀咕，他那麼好你還離了嫁我幹嘛？二是以為這樣做會顯得自己寬容大度賢慧有涵養，其實別人聽了，會覺得你太假，太虛偽，會從人格上鄙視你。

做人如此，為官亦然。在新上司那兒說舊上司的壞話或者過分讚譽的話，都是不明智的。

原文：郤惡奔秦

秦楚交惡，楚左尹郤惡奔秦，極言楚國之非，秦王喜，欲以為五大夫，陳軫曰：「臣之裡有出妻而再嫁者，日與其後夫言前夫之非，意甚相得也。一日，又失愛於其後夫，而嫁於郭南之寓人，又言其後夫如昔者。其人為其後夫言之，後夫笑曰：『是所以語子者，猶前日之話我也。』今左尹自楚來，而極言楚國之非，若他日又得罪於王而之他國，則將移其所以訾楚者訾王矣。」秦王由是不用郤惡。

要臭，咱哥幾個一起臭？

寓言：西郭子僑

西郭子僑和公孫詭隨、涉虛三個人是好朋友，他們喜歡喬裝出行，常常在夜裡翻越鄰居家的牆頭，鄰居都討厭他們。

有一回，鄰居們偷偷地在他們常常翻越的牆根下挖了個茅坑。到了夜裡，他們又從那裡走，子僑先翻的牆，結果掉到了茅坑裡。但他故意不吱聲，反而招呼公孫快點過來，公孫沒有防範，當然也掉進了茅坑，正想喊，子僑急忙掩住他的嘴說：「莫吱聲。」一會兒，涉虛翻過牆來，也掉進了茅坑。子僑這時才開心地說：「哈哈，這下子咱們誰也別笑話誰了。」

君子評論起子僑，都說他不是人。他自己不小心弄了一身污穢，卻不提醒朋友，反而包藏禍心陷害朋友，其為人也太不仁義了。

（見《郁離子・玄豹第三・西郭子僑》）

心得

世上一切做了壞事的傢伙其內心都是虛弱與膽怯的。結交朋友，拉更多的朋友下水，既是出於給自己壯膽的本能，也是出於增強自保能力的算計。

從今人的眼光來看，這位西郭先生實在是個有趣的人，自己掉進茅坑，竟然能夠忍臭不吭聲，引誘倆哥們也跟著一起掉茅坑，算得上是搞惡作劇的高手。

劉伯溫評論西郭子僑包藏禍心簡直不是人，並不是說劉伯溫是個迂夫子，不懂得幽默。原因在於劉伯溫的本意不是要寫一個幽默故事，而是要藉這個故事宣揚儒家主張的交友之道，告誡世人交友不可不慎，千萬不可輕易結交西郭子僑這樣的損友，以免被人拉下「茅坑」。

朋友是人與人之間除了親情之外最重要的人際關係，古時朋友屬於「五倫」之一。五倫即君臣、父子、夫婦、兄弟、朋友。儒家的經典作家自孔子始就十分重視交友問題，都主張「近君子，遠小人」「慎交友，交益友」。孔子曰：「益者三友，損者三友。友直，友諒，友多聞，益矣。友便辟，友善柔，友便佞，損矣。」（《論語‧季氏》）儒家的另一位代表人物荀子也有言：「君人者不可以不慎取臣，匹夫不可以不慎取友。」「取友善人，不可不慎，是德之基也。」（《荀子‧大略》）孔子的意思是說：「益友有三種，損友也有三種。結交正直的朋友，誠信的朋友，知識廣博的朋友，是有益的。結交諂媚逢迎的人，結交表面奉承而背後誹謗人的人，結交善於花言巧語的人，是有害的。」而荀子的意思是說：「當君主的不能不謹慎地選擇大臣，而普通人不能不謹慎地選擇朋友。」「找朋友要找好人，不可以不慎重，這是一個人道德品質的基礎。」

那麼現實中什麼樣的朋友是益友，什麼樣的朋友又是損友呢？劉伯溫透過這則令人啼笑皆非的寓言，就為我們勾勒了一副損友的標準像——西郭子僑。

歷朝歷代，那些如西郭先生一樣已經掉進茅坑弄得滿身污穢的人，一個人待在茅坑裡會感到孤獨和害怕，總要想方設法朵拉幾個人進茅坑的。

世上一切做了壞事的傢伙都是紙老虎，不論是黑社會還是大貪官，不管表面上看起來有多麼的威風和強悍，其內心都是虛弱與膽怯的。結交朋友，拉更多的朋友下水，既是出於給自己壯膽的本能，也是出於增強自保能力的算計。

劉伯溫寫西郭子僑把兩個朋友先後騙進糞坑後，終於開心大笑，說「這下子咱們誰也別笑話誰了」，生動傳神地描摹了一個人惡作劇成功之後的喜悅與得意，大概壞人把別人拉下水的時候都會像他這樣興奮之情溢於言表的吧？

今天社會上一些已經滿身污穢的不法分子，為了尋求保護傘和獲取更大的利益，挖空心思結交那些對自己「有用的人」，用金錢美女引誘他們掉進「茅坑」，他們和自己一樣臭了，成了一條繩上拴著的螞蚱，就只能乖乖聽話，讓他們幹啥就幹啥了。而不少人在朋友交往方面沒有選擇，沒有甄別，缺乏應有的警惕和防範意識，什麼朋友都交，什麼場合都去，同一些所謂的密友和鐵哥們打得火熱，在不知不覺中放鬆警惕，最終栽倒在別人設置的陷阱裡。

從當前查處的大量官員貪腐案件來看，我們不難發現許多領導幹部蛻變為貪官，往往一開始都是失足於所謂朋友的溫情攻勢，就像公孫、涉虛被西郭子僑不知不覺騙進茅坑那樣。做領導的，交什麼樣的朋友操之在己，「被」什麼樣的朋友交，同樣操之在己，關鍵就在於你有沒有足夠的意志、勇氣與智慧，去拒絕那種種「擋不住的誘惑」。

其實也不僅僅是為官之人，世間任何人生活當中都要懂得潔身自愛，保持清醒的頭腦，不斷加強道德修養，切實把好交友關，做到慎交友、交益友。哪些人該交，哪些人不該交，應該心中有桿秤。對品德高尚的人，不僅應當結交，而且應當引為摯友，采其所長，補己所短；而對於那些整日溜鬚拍馬、奉承巴結你的人，則要保持應有的警覺。

原文：西郭子僑

西郭子僑與公孫詭隨、涉虛俱為微行，昏夜逾其鄰人之垣。鄰人惡之，坎其往來之塗而置溷焉。一夕又往，子僑先墮於溷，弗言，而招詭隨，詭隨從之墮。欲呼，子僑掩其口曰：「勿言。」俄而，涉虛至，亦墮。子僑乃言曰：「我欲其無相咥也。」君子謂西郭子僑非人也，己則不慎，自取污辱，而包藏禍心，以陷其友，其不仁甚矣。

猜猜看，哪一條是官船？

寓言：慧眼識「舟」

有個叫瓠里子的人，從吳地返回粵地去，吳地的相國要派專人送他，並讓瓠里子自己選擇一條官府的公船乘坐。瓠里子到達碼頭的時候，送行的人還沒到，此時停泊在水邊的船有上千隻，瓠里子想自己選擇一條官船，但是船太多了，根本認不出來哪條是官船。好在送行的人很快就來了，瓠里子問他說：「水邊船這麼多，怎麼找到官船呢？」

送行的人笑著回答道：「這太容易了，你只要看到那些破篷、斷櫓，連船帆也破破爛爛的船，肯定就是官船了。」

郁離子按他說的果然毫不費力地找到了官船。

郁離子仰天長歎道：「如今那些管理國家的官員們，或許都拿老百姓當做『官民』對待了吧？沒什麼人愛護百姓，難怪百姓都像那破舊的官船一樣窮困不堪啊！」

（見《郁離子‧靈丘丈人第四‧官舟》）

心得

劉伯溫從官船破敗的原由，一下子就想到了百姓受苦的原由，不僅是他才思敏捷，更是因為他對百姓的悲憫情懷。

我們講「劉伯溫說為官之道」這一章，是從他的寓言「楚人牧猴」開始的，探討的是為官之道的根本性問題，就是對待老百姓的態度問題，今天在本章結束之際，我們用官船的故事，再次回到這個問題上。

公家的東西用得狠、用得費，同樣的電腦，家裡用的七八年了還在用，公家的才用兩三年就得扔；同樣的車子，同樣的行駛里程，家用的還嶄嶄新，公家的早就舊兮兮了。

讀了劉伯溫的這則寓言，知道古時候也有「公車」的，就是「官船」。古時候的官船能從成百上千條船中「脫穎而出」，讓人一眼就認得，是因為它的破敗不堪，可見古今通病，公家的東西都是沒人愛惜的。

劉伯溫筆下的瓠里子感歎，老百姓的窮困不堪與那官船的破敗不堪都是同一個原因造成的，就是官員們不知關愛與憐惜。可見，判斷為官者是否稱職，其實也沒那麼複雜，不需要翻看那麼多的資料指標，只消去看一看他治下的老百姓生活得怎麼樣就行了。儒家有一則著名的故事叫「子路治蒲」，說的是孔子的學生子路在蒲縣為宰三年，孔子路過蒲縣就去看學生。一路之上，孔子對子路讚不絕口，連連誇獎。為孔子駕車的子貢很不解，就問老師，你都還沒見到子路，一路上就不停地誇他，到底為什麼啊？

孔子說，我們一進入縣境，就可以看到兩邊田地都耕種整齊，寸草不生，溝渠深治，這說明子路謙恭而有信用，老百姓願意盡心盡力；進了縣城，我看到房屋整齊，街道乾淨，樹木茂密，這說明子路忠信而寬厚，老百姓不忍苟且馬虎；到了縣衙，我看到院子裡很清靜，也沒有什麼人來告狀，這說明子路明察而果斷，把所有的訴訟都處理完了，所以老百姓不來這裡吵鬧干擾。（見《韓詩外傳‧卷六》）

有子路這樣的好官，自是蒲縣百姓之福。不知道子路那會兒是不是已經有官船了，如果有，我相信也一定不會破破爛爛吧？

今天我們在電視上可以看到世界上各個國家的情形，有的國家街上的行人衣著亮麗，臉上的表情豐富生動，一看到鏡頭就綻放燦爛的笑容，這種國家的為官者肯定是克盡職守的。而有的國家，街上行人衣著破舊單調，臉上的表情木訥愁苦，這種國家的領導人一般都是獨夫民賊。

劉伯溫在這則寓言裡從官船破敗的原由，一下子就聯想到了百姓受苦的原由，不僅僅是因為劉伯溫的才思敏捷，更有他對老百姓的一片悲憫情懷。屈子說：「長太息以掩涕兮，哀民生之多艱。」劉伯溫就是這樣的人。

作為文學家，關心民瘼、心憂百姓的自然情感是劉伯溫詩文的主基調，在一首題為《田家》的詩中他曾經這樣寫道：「安得廉循吏，與國共欣戚。清心罷苞苴，養民療國脈。」

詩的大意是說，到哪裡去找清廉守法的官員啊，我們一起替國家分憂，清心寡欲杜絕賄賂啊，讓百姓休養讓國脈恢復。劉伯溫用質樸的語言表達了對政治清明的嚮往，其憂國憂民之情溢於詩外。而在《郁離子》裡像「官舟」這樣抨擊腐敗黑暗、體恤蒼生苦難的作品比比皆是。比如他在「天道第十一．飲漆毒水」中抨擊統治者的苛政，他說有個人口渴了就割開漆樹皮喝漆汁，還有個人在水塘裡養魚，怕水獺吃魚就在水塘裡下毒。現在統治者向百姓橫徵暴斂，使百姓入不敷出，餓殍盈野。這樣的做法，和那兩個喝漆汁止渴、在水塘裡放毒的人又有什麼兩樣呢？

作為政治家，劉伯溫的政治倫理思想是一以貫之的，那就是儒家傳統的民本思想，主張修德省刑，寬仁待民。劉伯溫在自己大半輩子的為官生涯裡，也始終是這樣做的。仕元期間，雖然沉淪下僚，但遊宦各地，皆有清譽，時人稱他「為政嚴而有惠愛，小民自以為得慈父」。後期追隨朱元璋，劉伯溫總是極力向朱元璋灌輸寬仁愛民的思想理念。入明後，劉伯溫積極推動朝廷實施輕傜薄賦的經濟政策，使人民得以休養生息。朱家皇帝嗜濫殺，殺功臣、殺知識分子，常常一殺就成千上萬人。但殘暴的朱明王朝卻延續了近三百年，究其原因，應該說與明初劉伯溫等確定的寬仁養民制度，使百姓受到的剝削相對較輕不無關係。

劉伯溫之為世人所熟知，當然主要是因為他輔佐朱元璋成就了帝王霸業。但我並不因此而景仰他，朱元璋是中國歷史上最嗜血最殘暴的皇帝，大明王朝建立了有史以來最血腥、最極端的專制制度，讓中國知識分子進入了長達數百年的「大黑暗時代」，劉伯溫輔佐之人並沒有幫助他實現夢寐以求的「孔子之道」。

我景仰、追慕劉伯溫，只是因為我們青田的這位偉大先賢，用一顆悲憫之心所給予我的深刻而真實的感動，我現在努力在做的，就是想把自己的這份感動，傳達給身邊的每一個人，傳達給視野之外的更多的人。

原文：官舟

瓠里子自吳歸粵，相國使人送之，曰：「使自擇官舟以渡。」送者未至，於是舟泊於滸者以千數，瓠里子欲擇之而不能識。送者至，問之曰：「舟若是多也，惡乎擇？」對曰：「甚易也，但視其敝篷折艣而破颿者，即官舟也。」從而得之，瓠里子仰天歎曰：「今之治政，其亦以民為官民與？則愛之者鮮矣，宜其敝也。」

劉伯溫精彩寓言選萃

- 蜀賈
- 噪虎
- 雲夢田
- 越王
- 宋王偃
- 燕文公求馬
- 噬狗
- 虞孚
- 芻甿乘馬
- 楚人養猴

蜀賈

原文

蜀賈三人，皆賣藥於市。其一人專取良，計入以為出，不虛價，亦不過取羸。一人良不良皆取焉，其價之賤貴，唯買者之欲，而隨以其良不良應之。一人不取良，惟其多賣，則賤其價，請益，則益之不較，於是爭趨之，其門之限月一易，歲餘而大富。其兼取者趨稍緩，再期亦富。其專取良者，肆日中如宵，旦食則昏不足。

郁離子見而歎曰：「今之為士者亦若是夫！昔楚鄙三縣之尹三：其一廉而不獲於上官，其去也，無以僦舟，人皆笑以為癡。其一擇可而取之，人不尤其取，而稱其能賢。其一無所不取，以交於上官，子吏卒而賓富民，則不待三年，舉而任諸綱紀之司，雖百姓亦稱其善，不亦怪哉！」

（《郁離子・千里馬第一・蜀賈》）

譯文

蜀地有三個商人，都在集市上賣藥。其中一個專門收購上等藥材賣，按進價確定售價，從來不亂開價，也不過多地牟取盈利。另一個商人，好的差的藥材都收購來賣，價格的貴賤，只看買者的意願，願出高價的就賣給他好藥，願出低價的就賣給他差藥。第三個商人只收購差藥，從不收購好藥，只靠低價多賣，顧客請求添點就添點，也不計較，於是人們都爭著去買他的藥。整天顧客盈門，以致於他家店鋪的門檻，一個月就得換一次。過了一年，他就發了大財。那個好藥、差藥都賣的商人，光顧的顧客稍少些，過了兩年也富了起來。而那位專賣好藥的商人生意清淡，藥鋪裡大白天都安靜得像夜晚，窮得吃了上頓沒下頓。

郁離子聽說此事，歎息道：「如今官場上的事情也是這樣啊！當初楚國邊遠地區有三個縣的縣官，第一個為官清廉，卻不討上司喜歡，當他離任的時候，窮得連一隻船都雇不起，人們都笑他傻。第二個縣官，有適當的機會就撈一把，人們不怨恨他，反而稱讚他賢能。第三個縣官，有利就沾，無所不貪，他用索取的錢財，結交上司，對待下屬就如親生兒女般關心，對待富豪就如貴賓一樣尊敬。結果不到三年，就被推舉擔任了掌管綱紀的要職，即使平民百姓也說他好，這不是怪事嗎？」

心得

清官遭人譏笑冷落，貪官受人豔羨尊崇。不以腐敗為恥，反以腐敗為榮，此乃中國社會腐敗長期盛行的民間基礎，劉伯溫早在西元一三五九年就發現這個秘密了，劉伯溫真神人也！

噪虎

原文

郁離子以言忤於時，為用事者所惡，欲殺之。大臣有薦其賢者，惡之者畏其用，揚言毀諸庭，庭立者多和之。或問和之者曰：「若識其人乎？」曰：「弗識，而皆聞之矣。」或以告郁離子，郁離子笑曰：「女幾之山，乾鵲所巢。有虎出於樸簌，鵲集而噪之。鴝鵒聞之，亦集而噪。鵯鶥見而問之曰：『虎，行地者也，其如子何哉而噪之也？』鵲曰：『是嘯而生風，吾畏其顛吾巢，故噪而去之。』問於鴝鵒，鴝鵒無以對。鶻鷊笑曰：『鵲之巢木末也，畏風，故忌虎。爾穴居者也，何以噪為？』」

（《郁離子・千里馬第一・噪虎》）

譯文

郁離子因議論朝政而觸犯了當時的社會禁忌，被當權者所憎惡，有人甚至想要殺害他。大臣中有人舉薦郁離子賢能，憎惡他的人害怕他會被重用，就在朝廷上放出詆毀他的言論，上朝的大臣大多隨聲附和。有人就問那些隨聲附和的人：「你們認識郁離子這個人嗎？」他們回答說：「不認識，都是聽別人說的。」

有人把朝廷上發生的情況告訴了郁離子，郁離子笑了笑，說：「從前有座女幾山，是喜鵲喜歡築巢的地方。有一天，一隻大老虎從深山老林裡呼嘯而出，喜鵲們就聚在一起衝老虎大叫。一群八哥鳥聽見喜鵲的叫聲，也跟著大叫。烏鴉聽了就問喜鵲：『老虎是陸地動物，牠和你們飛鳥有什麼相干呢？你們為什麼衝牠大喊大叫啊？』喜鵲回答說：

『老虎一出來，呼嘯而生風，我怕牠會把我們的窩兒震塌了，所以大聲叫喊，想讓牠快點離開。』烏鴉又問八哥鳥，你們叫喊什麼啊？八哥鳥無言以對。烏鴉笑了笑說：『喜鵲在樹梢上築窩，害怕虎嘯生風會吹翻鵲窩，所以不安地大叫；而你們八哥鳥穴居在樹洞裡，你們湊什麼熱鬧啊？』

心得

隨大流、好跟風，這也是中國人劣根性的一種。大多數人缺乏成熟的價值觀，沒有獨立見解，喜歡隨波逐流，人云亦云，這是中國不能形成現代公民社會的重要原因。

雲夢田

原文

楚王好安陵君，安陵君用事。景睢邀江乙，使言於安陵君曰：「楚國多貧民，請以雲夢之田貸之耕以食，無使失所。」安陵君言於王而許之。他日，見景子，問其入之數，景子曰：「無之。」安陵君愕曰：「吾以子為利於王而言焉，乃以與人而為恩乎？」睢失色而退，語其人曰：「國危矣！志利而忘民，危之道也。」

（《郁離子・靈丘丈人第四・雲夢田》）

譯文

楚宣王喜歡安陵君，讓安陵君總理朝政。景睢請江乙去向安陵君提建議，說：「楚國貧民多，請求朝廷把雲夢澤荒蕪的田地租給他們耕種，解決他們的吃飯問題，以免他們流離失所。」

安陵君向楚宣王做了彙報，楚宣王答應了。後來，安陵君見到了景睢，便問他出租雲夢澤得到的賦稅有多少，景睢回答：「沒有收入啊！」安陵君十分驚訝地說：「我還以為你提那個建議是為了替楚王增加收入呢，想不到你竟然把地白給老百姓耕種，你是想讓老百姓都來感恩於你嗎？」

景睢聽了，滿臉錯愕。回去後，景睢對身邊的人說：「咱們楚國岌岌可危了！執政者一心取利，卻忘記了老百姓，這是一條危險的道路啊！」

心得

民富則國安，民窮則國危，未見民窮而國強者，可歎今日仍有人不明此理，官場上如安陵君這般「志利而忘民」者豈在少數？

越王

原文

越王燕群臣，而言吳王夫差之亡也，以殺子胥故。群臣未應。大夫子余起而言曰。「臣嘗之東海矣。東海之若游於青渚，禺疆會焉，介鱗之從者以班，見夔出，鱉延頸而笑。夔曰：『爾何笑？』鱉曰：『吾笑爾之蹺躍，而憂爾之踣也。』夔曰：『我之蹺躍，不猶爾之蹕跛乎？且我之用一，而爾用四，四猶不爾持也，而笑我乎？故跂之則贏其骭，曳之則毀其腹，終日匍匐，所行幾許？爾胡不自憂而憂我也？』今王殺大夫種而走范蠡，四方之士掉首不敢南顧，越無人矣！臣恐諸侯之笑王者在後也。」

王黯然。

（《郁離子・瞽聵第五・越王》）

譯文

越王勾踐宴請群臣，和大臣們談論吳王夫差滅亡的原因。越王說夫差之所以敗給了我，是因為他殺害了賢臣伍子胥。群臣聽了都不言語。這時大夫子余站起來說：「我曾經到過東海，正趕上東海之神和北海之神在那裡聚會，魚蝦蟹鱉等都按次序排列成行前來拜見。有一種叫夔的單腳獸也來拜見海神，一隻海鱉伸著脖子對牠發笑，夔問牠：『你笑什麼？』海鱉說：『我笑你走起路來一跳一跳的，就怕你跌倒。』夔說：『我一隻腳跳著走路，難道不比你一瘸一拐地爬行好嗎？再說，我用的是一條腿，而你用的是四條腿，四條腿走路還一瘸一拐的，你還好意思笑我嗎？你要是踮起腳尖走路，就會累壞小腿，要是拖著腳走路，就要磨破肚皮。只是像你現在這樣慢騰騰地爬行，一天到晚又能走多遠呢？為什麼你不擔心自己，反而擔心起我來了呢？』如今大王您逼死了文種，又趕走了范蠡，天下的賢士都嚇得掉轉頭去，不敢到越國來，越國已經無人可用了！我擔心諸侯譏笑大王您的日子也不遠了。」

越王聽了沉默不語。

心得

常言道：「知人者智，知己者明。」然知人不易，知己更難。世上總是責人嚴而待己寬者多，待人寬而責己嚴者少。故聖人有教：「躬自厚而薄責於人」（《論語‧衛靈公》），謹記之。

宋王偃

原文

宋王偃惡楚威王，好言楚之非。旦日視朝，必詆楚以為笑，且曰：「楚之不能若是，甚矣！吾其得楚乎？」群臣和之，如出一口。

於是行旅之自楚適宋者，必構楚短以為容。國人大夫傳以達於朝，狃而揚，遂以楚為果不如宋，而先為其言者亦惑焉。於是謀伐楚。大夫華犨諫曰：「宋之非楚敵之，舊矣，猶䕫牛之於鼩鼠也。使誠如王言，楚之力猶足以十宋。宋一楚十，十勝不足以直一敗，其可以國試乎？」弗聽。遂起兵，敗楚師於潁上，王益逞。

華犨復諫曰：「臣聞小之勝大也，幸其不吾虞也。幸不可常，勝不可恃，兵不可玩，敵不可侮。侮小人且不可，況大國乎？今楚懼矣，而王益盈。大懼小盈，禍其至矣！」王怒，華犨出奔齊。

明年宋復伐楚，楚人伐敗之，遂滅宋。

（《郁離子・瞽聵第五・宋王偃》）

譯文

宋王偃憎惡楚威王，喜歡談論楚國的短處。每日早朝都要嘲笑譏諷一番楚國，這幾乎成了固定的娛樂節目。宋王說：「像楚國如此這般的無能，我大概快要得到楚國了吧？」他手下的大臣們都異口同聲地附和他。

當時從楚國到宋國旅行的人，都要編造幾個嘲笑貶損楚國的「段子」，以此作為容身的條件。這些段子在楚國社會上流傳，並被官員們傳播到了朝廷，舉國上下漸漸地都信以為真，以為楚國果真各方面都不如宋國，就連最先編造傳播這些段子的人都感到迷惑，也有些半信半疑起來。

於是，宋國開始謀劃攻打楚國，大夫華犨向楚王進諫，說：「宋國多年以來一直就不如楚國，兩國的差距就像大神牛和小老鼠那樣的懸殊。現在的楚國就算真的像宋王說的那樣各方面都不行，那楚國的實力也還抵得上十個宋國。如果宋國是一，楚國就是十。宋國即使取勝了十次，也經不起一次的失敗，怎麼能拿國家的事情開這種玩笑呢？」

宋王不聽勸告，舉兵攻打楚國，並在潁水一帶打敗了楚軍。宋王越發自負驕橫起來。華犨又來進諫，說：「我聽說小國戰勝大國是一種僥倖，因為大國沒有防備小國。但僥倖的事不可能經常發生，一次偶然的取勝並不意味著最後勝利的歸屬。用兵可不能當兒戲，敵人也不可輕侮。就算是輕侮一個普通人尚且不可，更何況是輕侮一個大國呢？如今楚國害怕了，而大王你卻更加自滿了。大國害怕，小國自滿，我看災禍就要到來了！」宋王聽後大怒，華犨只好逃亡到了齊國。

第二年，宋國再次攻打楚國，楚國大敗宋國軍隊。宋國就這樣被滅掉了。

心得

上有所好，下必甚焉；上有所惡，下亦必甚焉。居上位者好惡溢於言表，下必附之，是非不彰，以短為長，害莫大焉！

燕文公求馬

原文

燕文公之路，馬死，或告之曰：「卑耳氏之馬良，請求之。」辭曰：「野馬也，不足以充君駟（四）。」公使強之，逃。蘇代之徒，欲以其馬售公，弗取。

巫閭大夫入言曰：「君求馬將以駕乘輿也，何必近捨其所欲售，而無取其不欲售者乎？」公曰：「吾惡夫自衒者。」對曰：「昔中行伯求婦於齊，高、鮑氏皆許之。謀諸叔向，叔向曰：『娶婦所以承宗祧奉祭祀，不可苟也，惟其賢而已。』今君之求馬亦惟其良而已可也。昔者，堯讓天下於許由，許由逃，堯弗強也，而卒得舜。寧戚飯牛以自售於齊桓公，桓公用之，而卒得管仲。使堯不聽許由，何以得舜？桓公不用寧子，何以得管仲？君何固焉！」

（《郁離子・枸櫞第六・燕文公求馬》）

譯文

燕文公走到半路上，駕車的馬死了。有人告訴他說：「卑耳山上有個人養的馬特別好，你可以派人到他那兒買馬。」

想不到那個養馬人卻不願意賣馬給燕文公，他推辭說：「我的馬都是野馬，不配給君王駕車。」燕文公的人就強奪他的馬，結果那人騎著馬逃跑了。而當時蘇代一夥人在做馬的生意，正想把他們的馬賣給燕文公，燕文公偏偏不要。

巫閭大夫對燕文公說：「君王您買馬是用牠來駕車乘坐的，何必捨近求遠，想賣的你卻不要，不想賣的你卻非要買不可呢？」燕文公說：「我厭惡那些自賣自誇的人。」巫閭大夫說：「從前中行伯向齊國求婚，高、鮑兩家都答應了他，中行怕找叔向幫他參謀，叔向說：『娶妻是為了傳宗接代，侍奉祭禮，當然不可草率。主要應該看她人是否賢慧，何必管她出生於哪個家族呢？』如今你買馬也一樣，只要看牠是不是一匹好馬就行了。從前堯帝把天下讓給許由，許由不接受就逃走了，但堯帝並不勉強他，後來得到了舜帝。養牛的寧戚向齊桓公毛遂自薦，齊桓公任用了他，最後齊桓公得到了管仲。如果堯帝不聽任許由逃走，怎麼能得到舜帝？齊桓公不錄用寧戚，又怎麼能得到管仲？所以說，君王你何必固執已見呢？」

心得

「得不到的永遠是最好的。」越是得不到，越是想得到，這種毫不講理的偏執心理不獨寓言裡的燕文公有，世上幾乎人人都會有，與其說這是一種心理毛病，不如說是人類天性中的貪婪使然。

噬狗

原文

楚王問於陳軫曰：「寡人之待士也盡心矣，而四方之賢者不既寡人，何也？」陳子曰：「臣少嘗遊燕，假館於燕市，左右皆列肆，惟東家甲焉。帳臥起居，飲食器用，無不備有，而客之之者，日不過一、二，或終日無一焉。問其故，則家有猛狗，聞人聲而出噬，非有左右之先容，則莫敢躡其庭。今王之門無亦有噬狗乎？此士所以艱其來也。」

（《郁離子・枸櫞第六・噬狗》）

譯文

楚王向陳軫問道：「我對待賢才也算是盡心盡意的了，但天下的賢才卻不肯來為我效力，這是為什麼呢？」

陳軫說：「我年輕時曾經出遊到燕國，借宿在燕國都城的一家旅店裡。住店的左右店鋪林立，條件最好的要數街東的一家。帷帳被褥、日常用品、飲食器具，樣樣俱全，但奇怪的是到那家店去的客人，每天卻不過一兩個，有時竟終日無人光顧。我向人打聽其原因，別人告訴我，原來他家有一條惡狗，一聽見人的走動聲就竄出來咬人，倘若沒有店裡的夥計先作關照，誰也不敢踏入店門。如今大王您的門下不也有咬人的狗嗎？這就是賢士不願意上門的原因啊。」

心得

惡狗的本性是見人就狂叫亂咬，要拯救店鋪的生意，驅逐惡狗是頭一條。朝堂之上惡人、小人當道，賢能之士就會退避三舍。清除惡人、小人，虛席而待，自有真賢士的到來。

虞孚

原文

虞孚問治生於計然先生，得種漆之術。三年樹成而割之，得漆數百斛，將載而鬻諸吳。其妻之兄謂之曰：「吾常於吳商，知吳人尚飾，多漆工，漆於吳為上貨。吾見賣漆者煮漆葉之膏以和漆，其利倍而人弗知也。」虞孚聞之喜，如其言，取漆葉煮為膏，亦數百甕，與其漆俱載以入於吳。時吳與越惡，越賈不通，吳人方艱漆。吳儈聞有漆，喜而逆諸郊，道以入吳國，勞而舍諸私館。視其漆良也，約旦夕以金幣來取漆。虞孚大喜，夜取漆葉之膏和其漆以俟。及期，吳儈至，視漆之封識新，疑之，謂虞孚請改約。期二十日至，則其漆皆敗矣。虞孚不能歸，遂丐而死於吳。

（《郁離子．虞孚第十．虞孚》）

譯文

虞孚向計然先生請教謀生的辦法，從他那兒學到了種漆的手藝。三年後，漆樹長成了，虞孚割漆，收穫了數百斛新漆，打算運到吳國去賣。他的大舅子對他說：「我經常去吳國經商，知道吳國人特別喜歡漆器，漆在吳國是暢銷貨。我看見有些賣漆的人把漆樹的葉子煮成膏，摻到漆裡，那樣可以多賣一位的價錢，對方卻一點看不出來。」虞孚聽了這個辦法很高興，照著他說的那樣，把漆樹葉煮成膏，也裝了幾百個罎子，把它和真漆一塊運到吳國。

當時吳國與越國關係惡化，越國商人不能到吳國經商，吳國市場上正缺漆。吳國的批發商聽說外面有漆運來，高興地到郊外迎接虞孚，領著他進城。特別慰勞一番之後，就安排他住在私人館舍裡。一看他的漆品質都非常好，就約定儘快拿錢來買漆。

虞孚高興極了，夜裡偷偷地把漆葉膏摻進了漆裡，然後靜等對方來提貨。吳國的批發商按時來了，可是一看漆的封簽是新的，便心生疑慮，於是向虞孚請求把提貨的時間再往後推一推。等了二十天，那個批發商才來，但那些漆已經全壞了。虞孚血本無歸，無錢回家，淪為乞丐，最終死在了吳國。

心得

吳國缺漆，一個巨大的賣方市場擺在了他的面前，他本來有機會成為陶朱公那樣的大佬的，但貪婪蒙蔽了他的良知，也蒙蔽了他的雙眼，他不但沒成為陶朱公，倒成了餓死鬼。此虞孚真乃「愚夫」也！

芻甿乘馬

原文

芻甿之市，見市子之騎而都也，慕之，顧無所得馬，歸而惋形於色。一夕，乃夢騎，樂甚，寤而與其友言之。其友憐而與俱適市，僦馬與之，騎以如陌。馬見青而風嘶而馳，駛然而驤，嫳然而若梟。芻甿抱鞍而號，旋於馬腹之下，馬躍而過之，頭入於泥尺有咫。其友馳救之，免。歸乃謂其子曰：「知命者有大戒，惟慎無乘馬而已。」

（《郁離子・牧豭第十二・芻甿乘馬》）

譯文

芻甿進城，看到集市上有人騎著馬威風凜凜，不由心生羨慕。可是找了一圈也沒找著賣馬的地方，回到家裡臉上依然流露出悵惋之色。有一天夜裡，他夢到了騎馬，快樂極了，醒後就把夢裡的情景告訴了朋友。他的朋友體諒他的心情，就和他一起到城裡，租了一匹馬讓他騎。

他騎著馬走到郊外田間的路上，那馬一見到綠色的原野就開始興奮，嘶鳴著向前奔跑，只見牠昂著頭，放開啼子飛奔起來就像浮水的野鴨子。芻甿嚇壞了，抱著馬鞍子大聲呼救，人被摔到了馬肚子下邊，馬從他身上飛躍而過，他的頭栽進泥塘子裡足有一尺多深。他的朋友飛跑過來救他，才免於一死。芻甿回到家心有餘悸地對兒子說：「知道天命的人應該有一大戒，就是千萬要小心，不要騎馬啊！」

心得

「夢想很豐滿，現實很骨感」。有志者不止敢於夢想，更要有勇氣直面冷酷的現實和慘澹的人生。

㸋人養猴

原文

㸋人養猴，衣之衣而教之舞，規旋矩折，應律命節。巴童觀而妒之，恥己之不如也，思所以敗之，乃袖茅栗以往。筵張而猴出，眾賓凝眝，左右皆蹈節。巴童佁然揮袖而出其茅栗，擲之地，猴褫衣而爭之，翻壺而倒案，㸋人呵之不能禁，大沮。郁離子曰：「今之以不制之師戰者，蠢然而蟻集，見物則爭趨之，其何異於猴哉！」

（《郁離子・公孫無人第十三・㸋人養猴》）

譯文

有一個楚人馴養了一群猴子。他給猴子們穿上衣服，教牠們跳舞，猴子們旋轉起舞，都合乎音樂的旋律和節拍，這個節目很受觀眾青睞。有一個擅長歌舞的巴族年青人看了心生妒忌，為自己舞蹈跳得竟然不如猴子而深感羞愧，便動歪腦子，想讓猴子跳不成舞。

一天，他事先在袖筒裡放了一大把茅栗，然後去觀看猴子表演。筵席開始後，楚人把猴子放了出來，賓客們都凝神觀看，只見猴子排成左右兩行，都踏著節拍跳起舞來。這時，那個巴族青年不動聲色地揮揮衣袖，把那些茅栗都扔到了地上。猴子生性喜食茅栗，見到地上的茅栗紛紛脫掉衣服，爭搶地上的茅栗，鬧得壺翻案倒，那個楚人急得大聲呵斥，猴子哪裡還能聽他的？楚人非常沮喪。

郁離子說：「如今那些不守紀律的軍隊，就像一群烏合之眾，看到好東西就爭先恐後地去搶奪，他們和楚人養的這群猴子有什麼區別呢？」

心得

大庭廣眾之下，為一點蠅頭小利就爭而搶之，全然不顧體面，劉伯溫說的只是猴子嗎？人又何嘗不是如此？

新鋭文學叢書27　PA0069

新鋭文創
INDEPENDENT & UNIQUE

遠見有多遠
──劉伯溫如是説

作　　者　葉燕鈞
主　　編　蔡登山
責任編輯　林泰宏
圖文排版　楊家齊
封面設計　秦禎翊

出版策劃　新鋭文創
發 行 人　宋政坤
法律顧問　毛國樑　律師
製作發行　秀威資訊科技股份有限公司
114 台北市內湖區瑞光路76巷65號1樓
電話：+886-2-2796-3638　傳真：+886-2-2796-1377
服務信箱：service@showwe.com.tw
http://www.showwe.com.tw
郵政劃撥　19563868　戶名：秀威資訊科技股份有限公司
展售門市　國家書店【松江門市】
104 台北市中山區松江路209號1樓
電話：+886-2-2518-0207　傳真：+886-2-2518-0778
網路訂購　秀威網路書店：http://www.bodbooks.com.tw
國家網路書店：http://www.govbooks.com.tw

出版日期　2013年11月　BOD一版
定　　價　340元

國家圖書館出版品預行編目

遠見有多遠：劉伯溫如是說 / 葉燕鈞著. -- 一版. -- 臺北市：新銳文創, 2013.11
面；　公分. -- (新銳文學；PA0069)
BOD版
ISBN 978-986-5915-92-6(平裝)

1. 郁離子 2. 研究考訂

126.1　　102021054

讀者回函卡

感謝您購買本書，為提升服務品質，請填妥以下資料，將讀者回函卡直接寄回或傳真本公司，收到您的寶貴意見後，我們會收藏記錄及檢討，謝謝！如您需要了解本公司最新出版書目、購書優惠或企劃活動，歡迎您上網查詢或下載相關資料：http:// www.showwe.com.tw

您購買的書名：________________________________

出生日期：________年________月________日

學歷：□高中（含）以下　□大專　□研究所（含）以上

職業：□製造業　□金融業　□資訊業　□軍警　□傳播業　□自由業

□服務業　□公務員　□教職　□學生　□家管　□其它_____

購書地點：□網路書店　□實體書店　□書展　□郵購　□贈閱　□其他

您從何得知本書的消息？

□網路書店　□實體書店　□網路搜尋　□電子報　□書訊　□雜誌

□傳播媒體　□親友推薦　□網站推薦　□部落格　□其他__________

您對本書的評價：（請填代號　1.非常滿意　2.滿意　3.尚可　4.再改進）

封面設計____　版面編排____　內容____　文／譯筆____　價格____

讀完書後您覺得：

□很有收穫　□有收穫　□收穫不多　□沒收穫

對我們的建議：________________________________

____

____

____

請貼
郵票

11466
台北市內湖區瑞光路 76 巷 65 號 1 樓
秀威資訊科技股份有限公司 收
BOD 數位出版事業部

....

（請沿線對折寄回，謝謝！）

姓　　名：________________　　年齡：________　　性別：□女　□男

郵遞區號：□□□□□

地　　址：____

聯絡電話：（日）________________　（夜）________________

E-mail：____